从容养育
培养孩子的专注力

未来树 卡酷传媒 编 著　　芮彩琴 主 编

编委会

叶壮 王明姬 范晓宇 肖 莹

江苏凤凰科学技术出版社 · 南京

图书在版编目（CIP）数据

从容养育. 培养孩子的专注力 / 未来树，卡酷传媒编著 ；芮彩琴主编. -- 南京 ：江苏凤凰科学技术出版社，2022.1
ISBN 978-7-5713-2438-4

Ⅰ. ①从… Ⅱ. ①未… ②卡… ③芮… Ⅲ. ①儿童教育—家庭教育 Ⅳ. ①G782

中国版本图书馆CIP数据核字(2021)第202216号

从容养育　培养孩子的专注力

编　　著	未来树　卡酷传媒
主　　编	芮彩琴
责任编辑	祝　萍　向晴云
责任校对	仲　敏
责任监制	方　晨
出版发行	江苏凤凰科学技术出版社
出版社地址	南京市湖南路1号A楼，邮编：210009
出版社网址	http://www.pspress.cn
印　　刷	佛山市华禹彩印有限公司
开　　本	700mm×1000mm　1/16
印　　张	16
字　　数	19 800
版　　次	2022年1月第1版
印　　次	2022年1月第1次印刷
标准书号	ISBN 978-7-5713-2438-4
定　　价	59.80元

PREFACE

推荐序

很多人都期待为人父母，为人父母是一件非常幸福的事情，我们不光是孕育生命，同时也要陪伴和培养孩子。我从事儿童节目的主持工作已16年，在这16年当中见到过各式各样的小朋友，有缺乏自信心的，有容易情绪焦躁的，有做事缺少规划的，等等。其中有很大一部分的小朋友缺少高度集中注意力做事或对某一件事情保持专注的能力。

专注力是一种非常重要的心理素质和能力。我们家长还习惯用“努力”来激励孩子学习，殊不知“效率”才是孩子学习的关键。《从容养育 培养孩子的专注力》正是这样一本着眼于科学培养孩子专注力，快速提升孩子综合学习能力和效率的好书。

一、提高孩子的学习能力

当孩子拥有专注力，能够把注意力集中在学习上时，他们就会主动学习，探索未知的知识，并且会想办法解决眼前的问题。

二、提高孩子的学习效率

通过科学的专注力训练，孩子在平时的学习中可以集中注意力，保持高度专注，孩子的学习不仅将发生“量”的变化，更会发生“质”的变化。

三、提高孩子的自信心

当孩子能够对某一件事情保持专注并且完成这件事情时，就会获得成就感，这样非常有助于提高孩子的自信心，从而促进孩子各项能力的发展和进步。

四、锻炼孩子的毅力

当孩子专注于研究某一件事情的时候，研究和探索的过程锻炼了孩子持之以恒的毅力，也能帮助孩子克服散漫的习惯，同时形成稳定的心理素质。

五、激发孩子的创造力

当孩子注意力集中时，他会深入地思考问题。比如孩子专心玩积木拼搭时，开始是模仿父母或老师学习拼搭，然后逐渐自己悟出拼搭的方法，最后创造出独特的图案或结构。这就是源于专注力的创新思维。

以上五种改变，都是我们家长可以通过阅读这本书帮助孩子轻松获得的。全书以图文并茂的形式，将培养孩子专注力的理论知识与实操方法清晰简洁地呈现，既好读，又实用。

这本书每一章末尾还有专注力亲子小游戏，让父母和孩子在共同学习之余，还可以通过游戏，增进感情。

如此实用而贴心的家教读本，真诚推荐给每一位正在为培养孩子专注力而发愁或努力的家长，希望能给大家带来切实的帮助。

瘦不了

卡酷少儿卫视主持人

PREFACE

序

没有家长是不为孩子的将来忧虑的，“赢在起跑线上”这6个字我听了一遍又一遍。

不久前，我的一位大学同学火急火燎地给我打电话，说他2岁半的儿子玩玩具时总哭，一边哭还要一边继续玩，让他停下来或者换一个玩具都不乐意。

同学说：“那套玩具，我花了大价钱买的，本想着开发孩子的智力，结果还让他把性子玩坏了。”

问题就出在这儿。很多时候大人认为非常好、能开发孩子潜力的东西，结果不一定适合孩子。

孩子成长中最需要什么？学钢琴、练篮球、会英语？都不是。村上春树说过一句话：“没有专注力的人生，就仿佛大睁着双眼却什么也看不见。”虽然每个孩子的情况不同，但相同的是，在他们的成长路上“专注力”无比重要。

信息爆炸时代，我们被手机、电脑、游戏包围，“短、平、快”的日常生活体验极其容易破坏孩子的专注力，影响他的深度思考能力，在不知不觉中孩子的发展就落后了一大截。

但我们必须明白的是，孩子的专注力被破坏，不是一朝一夕导致的；要培养孩子的专注力，也不是一天两天就能完成的。首先我们得了解孩子专注力的情况，再“对症下药”。这正是《从

容养育 培养孩子的专注力》这本书的“精髓”，不是空讲道理，而是一步步循循善诱。书中用故事来讲解理论，让家长轻松理解专业性的内容；用“小测试”快速地计算孩子的能力分值，找出影响专注力的根本原因，从而用科学的方法解决问题。

书中有很多“案例”，家长可以直接套用，看看自家孩子是不是在专注力方面出了问题，面对问题，应该如何与孩子沟通，运用什么样的方法可以帮助他解决问题。书中所教授的方法，不是空洞的说教，而是站在孩子的角度，为家长开启一扇窗，帮助家长走进孩子的内心深处。

孩子要赢在起跑线上并不是从小会某种技能，技能随时可以学、可以练，但是能力的培养却会逾期。如何避开错误的养育方式，重新定义家长的身份，放下焦虑，也放下育娃的“棍棒”，科学地、正确地培养孩子的专注力，激发孩子的潜力，正是这本书想要传达的内容。

全书文字轻松易懂，希望每位家长都能为了孩子抽出宝贵的时间读一读，再根据孩子的特性仔细对照分析，收获一套自己的育儿秘籍，真正做到从容养育。

叶壮
北京交通大学特聘讲师
美国心理科学协会（APS）成员
首都科学讲堂专家组成员

CONTENTS

目录

Chapter 1 爱分心的孩子，问题到底出在哪里？

Chapter 2 心智开发训练，找回孩子专注力

Chapter 3 做好时间管理，让专注成为本能

Chapter 4 提升自控力，让孩子更加专注

Chapter 5 做聪明家长，用专注成就孩子美好未来

Chapter 1

爱分心的孩子，问题到底出在哪里？

小测试

>>> The Test

你的孩子注意力集中吗?

决定孩子成绩和学习效率的，不是用时间堆积起来的“努力”，而是注意力是否集中。你的孩子注意力如何，不妨测测看。

>>> 测试说明

在以下 **8** 项行为中，若孩子出现 **6** 项及以上的行为，则很有可能是注意力缺失。

1. 经常不注意细节，在学习、日常生活或其他活动中常犯粗心大意的错误。

2. 注意力无法长时间集中于学习或活动上。

3. 别人和他(她)说话，他(她)常常没注意听。

4. 常常无法完全执行他人的指令，且无法完成学校布置的作业，或老师、家长布置的任务。

小测试

>>> The Test

5 经常对组织任务与活动感到困难。

6 经常逃避、厌恶或不情愿完成较花心思的任务。

7 经常遗失东西（如玩具、作业簿、铅笔、书本等）。

8 较容易被外在刺激转移注意力。

测试结果与分析

高度集中的注意力是孩子认真学习的有力保障，但现实生活中很多孩子都缺乏这一能力。但良好的注意力不是天生的，它需要后天的培养。因此，为了让孩子从容地做完自己的“工作”，提升专注力，作为家长要给孩子的学习定量，鼓励孩子发展健康有益的兴趣爱好，尽量避免唠叨和训斥，让孩子乐于读书和学习，养成一次只做一件事的良好习惯。

第 1 节

天天补课，孩子成绩还是上不去？

- 专注力与成绩息息相关
- 三步法解决学习不专注

美国心理学家丹尼尔·戈尔曼说过：“专注力比智商、情商更能影响一个人的最终成就。” 什么是专注力？

专注力是“注意力”的一个类别，指一个人专心于某一事物或活动并保持一段时间的心理状态。通俗地说，就是把视觉、听觉、触觉等感官集中在某一事物上，并且能够保持一定的时间。

专注力和孩子的成绩又有什么关系呢？

许多家长看到孩子成绩不理想时，大多选择为孩子请家教、找名师，让孩子进行“题海战”，不惜一切代价地努力学习。

但很快家长们就会产生这样的疑问：“为什么孩子上了这么多补习班，成绩还是不理想？”这个问题非常具有普遍性，是家长之间交流沟通时讨论得最多的事，也是令他们最郁闷、最焦虑的事。

出现这种状况的根本原因在哪里？

下面我们就深入分析一下这些问题的原因以及家长应该如何应对。

专注力与孩子的成绩息息相关

NO 场景

其实一味地通过上补习班来提高孩子的成绩，结果可能适得其反。一方面，孩子补习的花销较大；另一方面，孩子补习来回接送的过程对于家长来说也是耗时耗力的事情。

消极的心理暗示以及不太和谐的家庭氛围，容易让孩子产生怕学、厌学的心理，从而导致这两种因素形成恶性循环。

当家长觉得自己的付出得不到回报时，便会以为是孩子主观上不认真、不上进，对孩子施加更多压力，进行说教、训斥甚至是棍棒教育。

针对这种现象，家长或许在心里会有以下几点疑问。

问题 1

是孩子太小，还不懂事吗？

很多家长认为孩子小，不懂事，好动是天性，长大了就会好。结果孩子越来越大后，小时候没有养好的习惯越来越难改，行为也越来越偏离正轨。

问题 2

是孩子的智力有问题吗？

家长常常把学习成绩好的孩子定义为聪明，把学习成绩不好的孩子定义为笨。其实导致孩子学习成绩差异巨大的并不是智商，而是其他原因。

据国家统计数据显示，在我国的中小学生中只有 1% 的学生特别聪明，1% 的学生智力略落后，剩下 98% 的学生智力都差不多，处于中等水平。

问题 3

是孩子补课补得还不够多吗？

当孩子成绩不如意的时候，许多家长的第一反应是上补习班、名师班、一对一辅导班，可是效果如何呢？

大部分孩子短时间内成绩有所提升，但总是起伏不定。家长抓得紧，成绩就上升，家长一放松，成绩立马就下降。其实，孩子学习成绩的提高更多地要靠正确的学习方法和学习习惯，单纯依靠外部强加的学习和练习往往收效甚微。

补习班也只不过是将孩子在课堂上学过的知识再巩固复习一遍，将没有学过的知识提前预习一下，这样的补习不仅没有质的改变，反而要耗费孩子大量的休息时间。不注意劳逸结合，只会降低孩子的学习效率。

问题 4

是家庭教育条件不够好，家长不够重视吗？

肯定不是。如今，几乎所有的家庭在满足孩子的学习条件上都是从来不打折，只要是孩子需要的，家长能做的，几乎都做到了。所以，孩子成绩不好并非家长不负责或孩子不努力，而是家长对孩子的认知、了解不全面，辅导不科学。

问题 5

是孩子不够勤奋吗？

其实很多孩子在学习上都很自觉，每天做作业做到很晚，基本上是周一到周五从早学到晚，甚至比大人工作还辛苦。

但有部分孩子因为专注力不足，所以只是在漫无目的、心浮气躁地“磨洋工”，并没有真正地进入学习状态。这类孩子正是成绩越学越差的典型。

当孩子学习知识点有薄弱处的时候，家长的确可以选择让孩子上补习班。但如果认为只要给孩子报了辅导班，孩子的学习成绩就应该有所提升，则是家长们的错误想法。

> 补习班会消耗孩子大量的时间与精力，这有可能导致孩子对学习厌恶、没兴趣，学习时不专心听讲，做作业更马虎，陷入一个恶性循环。

那么，问题到底出在哪里呢？请家长们想一想：什么指标可以最直观、最具体、最准确地预测孩子的学习成绩？每位家长的答案可能不尽相同。

但我们的答案是：一节课认真听讲的时间。

孩子一节课能认真听多长时间？ 10 分钟，20 分钟，30 分钟，还是 40 分钟？根据认真听课的时长，我们大概就能够知道孩子的成绩水平了。

接下来我们看一个案例。

北大学霸的独门秘籍

难以置信，北大学霸的独门秘籍居然这么简单，就是上课注意力高度集中，认真听讲。事实的确如此，你问任何一个成绩优异的学生：“你上课、做作业时，会分心吗？”他的回答必然是：“不会！”

若是不相信，也可再任意找一位老师问一下：“如果我的孩子上课专心听讲，做作业全神贯注，成绩还会差吗？”老师的回答一定是：“怎么可能！”

一个专注力不够的孩子，在学校课堂上只能认真听 10 分钟，即便是课后去上补习班，他也还是只能认真听 10 分钟，学习效率依旧只有别人的 1/4。理论上，他得学 16 小时才能追上别人学 4 小时的水平。可如果一个孩子一天学 16 小时，他不苦吗？他不累吗？当然苦，当然累，并且不可行。

长期这样，孩子肯定会产生厌学情绪。接下来最有可能出现的情况是：孩子由于学习时间过长而厌学；由于成绩不好，家长又加大补课力度；最后更进一步加重了孩子的厌学情绪。如此恶性循环，孩子的学习成绩越来越糟。

孩子专注力出现问题不是小概率事件。目前在全国中小学生中，存在专注力缺失问题的学生占比达到 8% ～ 12%，处于灰色地带——专注力需要提升的学生占比达到 30% ～ 40%。

>>> 小课堂

绝大部分孩子智力都是正常的，影响他们成绩的最关键因素是专注力，而不是其他。补习是治标，训练专注力才是治本。标本兼治，孩子才能在学习中取得理想的成绩。

三步法，解决孩子学习不够专注的问题

第一步：理清孩子成绩和专注力的关系

脑神经科学家们通过深入研究发现，在人类的高级认知中，大脑前额叶区会过滤外界的信息，只保留我们所专注事物的信息，屏蔽其他信息，以便大脑更高效地记忆和处理我们想要处理的信息。

当我们专注于某个事物时，大脑就会持续保持对相关信息的更新；反之，如果我们不再专注于某个事物，大脑就会停止更新，甚至屏蔽相关信息。

大脑的这个特点表现在学习上就是：专注时能一直学，学得快、记得牢；不专注时，根本学不进去。

第二步：了解孩子学习不专注有什么表现

孩子学习时专注力差，即注意力不集中，通常有以下 6 种表现。

学习不专注的表现

1. 上课容易走神，不知道老师在讲什么，讲到哪儿了。

2. 上课时小动作不断，拉抽屉、翻文具盒、和旁边同学交头接耳等。

3. 在家写作业时，拖拉、磨蹭、借口多，一写作业就要吃水果、上厕所、削铅笔等。

4. 做题时粗心马虎、丢三落四，看题不仔细，考虑问题不全面。

5. 学习时很容易受到外界环境的干扰，一有“风吹草动”就会分心。

6. 对自己不感兴趣或比较枯燥的事情，如背诵课文、记单词等，效率很低。

第三步：明确孩子专注力差的原因

孩子在学习中专注力较差，一般是由 4 种原因造成的，包括心理发育阶段、兴趣、外界干扰、情绪化等因素。

家长可以根据下面的具体介绍，结合自己家孩子的年龄段和行为表现，对孩子学习缺乏专注力的原因进行初步判断，进而才能结合本书后文将要介绍的科学训练方法，“对症施治”。

1

▶ 孩子过于低幼

不同年龄的孩子，能够集中注意力的时间也不同。

2 岁的孩子，注意力集中的时间不超过 5 分钟；3 岁的孩子，注意力集中的时间能达到 10 分钟；4 岁的孩子平均注意力集中时间约为 12 分钟，5 岁的孩子平均注意力集中时间约为 14 分钟。

如果家长要求学龄前的孩子像大人一样坐在书桌前长时间地认真看书写字，那就要求太高了，显然孩子也是做不到的。

2

▶ 孩子对某门课程不感兴趣或丧失信心

比如，孩子不喜欢手工，那他学折纸、学软陶时就学不进去，心里只想着随便糊弄几下，最好能快点离开去做自己喜欢的事。或者某门功课对孩子来说比较困难，孩子努力了还是跟不上，于是越发没有信心，索性放弃学习这门课程。在这种情况下，孩子学习时的专注力自然就很差。

3

▶孩子受到干扰

比如孩子在画画，奶奶过来送水果；孩子在写作文，妈妈过来问他学习情况。孩子受到干扰时，注意力就容易转移到其他事情上。

4

▶孩子因不喜欢某位老师，进而不喜欢这位老师的课

出现这种情况可能是因为孩子情绪化，也可能是老师讲课不吸引人，还可能是老师批评过孩子，引起孩子反感。由于不喜欢某位老师，“恨屋及乌”，进而不喜欢这位老师的课。在这种情况下，孩子上课时专注力就很差，容易造成学习偏科。

孩子学习好的关键，在于集中注意力。要想孩子的成绩能够得以提升，首先要解决专注力的问题。如果不解决专注力的问题，哪怕给孩子提供再优越的学习条件，请来再优秀的名师补习，都是在做无用功，因为孩子学习的窗户是关上的，知识的阳光就无法照进来。

本书中，我们将针对孩子专注力的问题进行系统而全面的讲解。通过上文的介绍，相信你对专注力已经有了初步的了解，后文中我们将层层深入，从了解孩子缺乏专注力的原因开始，深入探讨提升专注力的有效方法。

第2节

五大表现，孩子缺乏专注力的铁证

- 注意力时间短
- 注意力易涣散
- 活动量过大
- 难以控制言行
- 缺乏组织性

不专注的孩子的主要表现就是特别容易分心，做什么事都不能够专心致志。其实分心并不全是坏事，不专注有消极的一面，也有积极的一面，容易分心的孩子在某些方面或许暗藏天赋。

但从学习、训练的角度来看，在相同时间内专注力强的孩子能比专注力弱的孩子效率更高，学到的内容更多。接下来，我们先来谈谈缺乏专注力的五大消极面。

注意力时间短、范围窄

一般来说，不同年龄段的孩子能保持专注的时间也不一样，具体可以参照下表。

2～3岁	5～6岁	7～10岁	10～12岁	12岁以上
10～12分钟	12～15分钟	20分钟左右	25分钟左右	30分钟以上

通常爱分心的孩子保持专注的时间短于其对应年龄保持专注的时间范围，很难保持注意力集中地去从事某一活动，比如，每节课听5～10

分钟就坚持不下去了，做事有始无终，不能完成别人分配的任务。但如果遇到自己感兴趣的事情，他保持注意力集中的时间则会长一些。

这里有一种特殊情况必须单独说明。有的家长说：“我孩子保持注意力集中的时间也不短呀！他看电视、玩游戏可以一两个小时坐在那里一动也不动，注意力真的很集中。”

其实，注意分为主动注意与被动注意。看电视、玩游戏、刷手机属于被动注意，被动注意的时间不作为衡量专注力水平的指标。

只有主动注意，比如上课、做作业或者做其他需要意志努力才能保持专注的事情，才能作为衡量专注力水平的指标。

主动注意

比如上课、做作业或者其他需要意志努力才能保持专注的事情。

被动注意

比如看电视、玩游戏、刷手机等。

小课堂

孩子的注意力集中的时间短、范围窄最直接的影响就是上课听讲时间短，一节课只能听 10 分钟，成绩当然难以提升。

注意力容易涣散

不专注的孩子往往不能集中注意力，容易分心，在和老师、家长的沟通中经常愣神、开小差，比较健忘，做事粗心大意：明明写了作业或完成了任务，却忘了交给老师；在简单的计算上由于走神而犯低级错误；看起来很安静，实际上却是在神游。其实某种程度上，有这类问题的孩子并非注意力不集中，而是把注意力同时分散在了很多事物上。

总是三心二意的清清

注意力不能集中，做什么事都会三心二意，如果孩子在任何事情上都三心二意，那么家长一定要及时引导孩子。

活动量过大

许多人都以为缺乏专注力的表现就是分心，其实多动、冲动也是缺乏专注力的典型表现之一。在医学上，缺乏专注力的学名叫作“注意缺陷多动障碍”。

不专注有三种典型表现

·分心　·多动　·冲动

多动的孩子往往有过人的精力，坐不住，甚至会在需要静坐的场合站起来，来回走动。他们必须让自己的身体处于“永恒的运动之中”。

但是，孩子天生就喜欢动，而这究竟是活泼好动还是多动呢？许多家长分辨不清楚。下面教家长们一个方法，只需花一分钟，我们就可以鉴别出孩子究竟是活泼好动还是多动。

测试要求	• 让孩子坐在椅子上，头、眼睛、手、脚、腿全都保持不动。 • 保持静坐的时间为1分钟。 • 告诉孩子奖罚措施，确认孩子完全明白后，开始测试。	
维持时间	＞1分钟	≤1分钟
测试结果	活泼好动	多动

注意在测试前一定要告诉孩子，如果他能保持一分钟，将会得到什么样的奖励，当然，这个奖励要足以让孩子动心；也要告诉孩子，如果做不到，将会受到什么样的处罚，同样，这个处罚也要足以让孩子感到难受。

多动的孩子还经常表现得很不耐烦，比如，别人的话还没说完，他就开始插话，不能忍受排队，不经过思考就开始行动等。因而这些孩子经常会造成引起伤害的“意外事件”，在人际关系方面也容易惹麻烦。

不能控制自己的言行

缺乏专注力的另外一种表现形态是冲动。冲动的孩子容易受到外界刺激和自己情绪的影响，难以进行自我行为控制。

在学习和生活上，他们遇到挫折时不能忍受，会出现激烈的情绪波动和冲动行为，甚至会伤害别人。

在校园里，他们经常违反校规校纪，受到老师的批评和学校的处罚；写作业时，他们难以有条理地按照计划写下去，总是想写到哪里就写到哪里；在集体游戏或比赛中，当他们有要求时，必须立刻得到满足，不能等待……这些问题会经常重复发生，难以改善，他们也因此成为学校里的“熊孩子”、家庭里的“淘气包”。

孩子的不良行为

霸凌和打人都属于不良行为，但二者区别点在于自我保护意识上。

校园霸凌会看场合，老师在的时候是绝对不可能动手的；冲动打人行为则不顾一切，无论是谁在场都一样。

在此需要特别说明的是，冲动的孩子常被别人看作是思想品德不好的孩子、坏孩子，这种观点是错误的。

缺乏活动的组织性

缺乏专注力的孩子无论在生活上还是学习上，都难以达到一个良好的状态。

生活中，通常他们的房间会乱得一团糟，东西没有分类摆放，他们不会整理自己的书包，做作业的时候也是手忙脚乱，不断地找东西，也经常因为找不到家庭作业、不能决定穿什么衣服等琐碎理由而迟到。

这些孩子并不是没有成为优秀者的愿望，相反，他们也非常想成为一名优秀的学生，可是因为缺乏必要的组织技巧，而不能实现自己的愿望。

小课堂

面对孩子缺乏专注力的问题，家长不仅需要提升认知，更需要接纳自己的孩子，以正确的理念看待孩子、对待孩子，不加重孩子的心理负担，排除教育过程中的“杂音”，以取得更好的教育效果。

第3节

七种行为，小心破坏孩子专注力

- 玩具过多
- “哄娃神器”
- 过度关爱
- 缺乏自由
- 过度干涉
- 棍棒教育
- 不管自己

意大利教育家玛丽亚·蒙台梭利说过：“孩子的专注力是保护出来的。”

一些孩子因为专注力差，做什么都耐不住性子，甚至导致成绩不佳、行为不良……也许在孩子小的时候他的专注力并不差，只是被家长在无形中逐步毁掉了。更糟糕的是，很多家长每天都在破坏孩子宝贵的专注力，但是他们自己却浑然不知。鉴于此，家长们一定要避免下面这几种常见的破坏孩子专注力的行为。

给孩子提供太多玩具

有些家长想要孩子玩得开心、玩得尽兴，会一下子给孩子提供很多玩具，让他能够想玩什么就“手到擒来”。

其实，一下子给孩子提供太多的玩具，孩子面对这些选择，自然也会“贪心”地这也玩一下，那也玩一下，从而形成引发分心的习惯。而且，儿童玩具普遍色彩鲜艳，会对孩子的视知觉发展造成负担，从而影响孩子专注力的发展。

把电子产品当成“哄娃神器”

孩子在家常常闹腾得很，翻箱倒柜或者缠着家长要这要那，还有可能做出一些危险动作。可是，只要一看动画片或者玩游戏，孩子立刻就安静下来了，不仅不缠着家长，家长主动找他聊天，他都不见得理。因此，电子产品被家长开发出一个新的功能——“哄娃神器”。

可是，家长是否考虑过这个“哄娃神器”的负面作用呢？电子产品不仅对视力不好，它还有另外一个“副作用”，那就是对专注力的破坏。如今，完全不让孩子接触电子产品是不可能、不现实的，但一定要严格控制使用时间。至于把电子产品当作“哄娃神器”，便是一种极大的错误了。

>>> 小课堂

调查数据显示：不专注的儿童、青少年占比逐年上升，导致这种上升趋势最直接、最重要的原因就是电子产品的过度使用。

过度关爱

家长或长辈过度呵护会限制孩子专注力的发展。

现在大多数家庭都是“4＋2＋1”的结构：家里4个老人，2个家长围绕着“小太阳”——唯一的孩子转，生怕孩子受委屈，天天捧着、抱着。

“4 + 2 + 1” 家庭结构

4
4 个老人
爷爷 奶奶
外公 外婆

2
2 个家长
爸爸
妈妈

1
1 个小孩
孩子

比如说，当孩子小的时候不让孩子爬着玩耍，生怕孩子弄脏了手，不卫生；怕爬烂了衣服；怕碰着孩子；怕这怕那……这样就剥夺了孩子感觉学习的机会。

> 婴幼儿时期，孩子通过爬，首先锻炼其四肢的协调能力，然后是手、眼、脑的协调能力，再就是促进其语言能力的发展。

婴幼儿时期不会爬的孩子有 60% 在学龄期都会出现各种感觉不协调的问题。

可见过度关爱除了会限制孩子多种能力的发展，另一个不良后果是有损孩子责任意识的形成与发展。

责任意识与专注力息息相关，像分心，做作业、考试总犯低级错误，行为不计后果等问题，都与缺乏责任意识有关。虽然家长过度关爱孩子的出发点是为了爱孩子，尽自己所能为孩子多做一些事情，但犯了一个错误，那就是：家长为孩子做得越多，孩子的能力就越难发展起来。

心理学中有个 100% 理论——家长为孩子做了 50%，孩子就只能发展出 50% 的能力；家长为孩子做了 80%，孩子就只能发展出 20% 的能力。

关爱不是替代，家长要适时放手，不能由于关爱而限制孩子的学习与成长。

孩子没有玩耍和自由活动的空间

有些家长，望子成龙心切，一心想让孩子赢在起跑线上。于是，孩子的业余时间、节假日不是在上课，就是在上课的路上，孩子心身俱疲。这种生活方式会对孩子产生以下两方面的影响。

1

▶ 由于学习时间过长，孩子没有足够的时间休息，无法调整好身体状态或是没有时间玩耍放松，精神长期处于紧绷状态，学习动机会下降，不可避免地就会出现厌学情绪。

2

▶ 生理疲劳会让孩子觉得身体疲倦、无力；心理疲劳则会导致孩子心情烦躁、注意力不集中、反应迟钝等。长此以往，会让孩子的专注力下降，甚至引发其他心理性疾病。

家长千万不要抱有一种天真的想法，以为学习时间越长，学习效果就越好。高效学习的基本原则是：不是抓紧每一分钟去学习，而是抓紧学习的每一分钟！

随意打断或者过多干涉孩子

NO 场景

孩子在家专心做事时，很多家长都会像图中玲玲的奶奶一样，一会儿给孩子递一个苹果，一会儿递杯水……不停地打断孩子。

孩子在自得其乐地玩游戏，家长非要参与，还不时地给予一些“指导性意见”，孩子自己玩游戏的乐趣就这样被家长的指手画脚破坏了。

本来家长想要参与其中，陪伴孩子玩耍是一件好事，关心孩子也没有错，但过度干涉、用成人的眼光要求孩子往往会剥夺孩子玩耍的自由，影响孩子专注力的形成和发展。

>>> 小课堂

家长要学会培养孩子的专注力，在孩子专心致志做某件事的时候，尽量不要打断孩子，而是给孩子创造一个有助于保持专注的环境。

棍棒教育

家长常常难以忍受在自己苦口婆心的教育之后，孩子仍然没有改变，最后只能采取近乎野蛮的暴力手段严加管制小孩。而这样的后果往往是导致亲子矛盾的激化，孩子对自己的不良行为不但没有深刻的认识，反而容易产生逆反心理。

孩子不听话的时候，家长尽量不要打骂孩子，应努力控制自己的情绪，尽量不要用暴力的方式解决问题。要想让孩子真正爱上学习，家长一定要学会科学引导，循序渐进地通过良好的方式引导孩子。

只管教孩子，不约束自己

NO 场景

图中的这位妈妈对她和丈夫自身的行为问题轻描淡写，但其实她儿子丢三落四的问题很大程度上是受两位家长的习惯长期影响的结果。这其实也是很多家长都存在的问题——自己的生活习惯不改变，却要求孩子改变。

>>> 小课堂

家长是孩子人生中的第一任老师，孩子很多行为习惯都是从家长身上学来的，要想孩子有良好的行为习惯，家长首先要自己树立起榜样。

不知正在阅读本书的家长，是否有我们在上文中提到的七种行为，如果有，请一定要多加注意，积极改善。

家长改变自身的行为，也是提升孩子专注力过程中非常关键的一步。

第 4 节

期待效益，不专注的孩子也是“潜力股”

- 孩子进步，需要家长积极期待
- 不专注的孩子，需要更多期待

我们都知道，算命先生经常会对他的当事人说：“心诚则灵”。这句话表面的意思是，你如果相信我的预测，那么我对你说的话就会灵验。这句话的潜台词是：你要是不相信我，那么算了也是白算。虽然算命这种迷信行为是不可取的，但这种说法中暗含了一条心理学的规律，那就是专注力培养中的期待效应——你期待什么，就有可能出现什么。

在对孩子的教育中，其实也存在这样的规律。接下来，我们就来看看这其中到底有些什么奥妙吧！

孩子的进步需要家长的积极期待

古希腊神话中有这样一个故事。

>>>

相传，塞浦路斯国王皮格马利翁性情孤僻，喜欢独处，但擅长雕刻。

他用象牙雕刻了一座美丽的少女像。在雕刻过程中，他倾注

了自己的全部心血和感情，禁不住对这尊美丽的少女雕像产生了爱慕之情。

他疯狂地爱上了自己创造的作品，为此吃不下饭、睡不着觉，终日以深情的目光望着雕像，几近病态。

此事感动了天神，天神赋予了少女雕像生命，让这对幸福的人终成眷属。

这虽然是一个神话传说，但热切的期待使被期望的人脱胎换骨，这样的事情在现实中真的可能发生吗？

美国著名心理学家罗森塔尔和雅可布生从这个神话故事中受到启发，精心设计了一个心理学实验。

1968年的某一天，罗森塔尔和雅可布生在一所小学一年级至六年级中各选三个班的学生进行了一次“发展测验”。随后，他们将一份优秀学生名单交给了有关教师，并以肯定的口吻说名单上的孩子都有卓越发展的潜能。

名单中的孩子有些确实很优秀，但也有些平时表现平平，甚至能力较差。对此，罗森塔尔向老师们解释说：“请注意，我讲的是发展，而非现在的情况。”鉴于罗森塔尔是这方面的专家，老师们毫不怀疑地接受了这份名单。而后，罗森塔尔又反复叮嘱老师们不要把名单外传，只能自

己知道，否则就会影响实验结果的可靠性。

八个月后，他们又来到这所学校，对参与实验的十八个班进行了复试，结果名单上的学生不仅成绩都有了非常明显的进步，性格也变得更为开朗，求知欲也变强了，变得敢于发表意见，与教师的关系也特别融洽。

其实这份名单只是罗森塔尔和雅可布生随机罗列的，并不是经过测试的结果。但是他们使老师们坚信这些孩子充满卓越发展的潜能，使老师从内心给予这些孩子期待和肯定。

虽然老师们始终保守着这张名单的秘密，但在上课时，他们还是会忍不住给予这些学生充分的关注，通过眼神、笑貌、音调等各种方式向他们传达“你很优秀”的信息，实际上他们扮演了皮格马利翁的角色。学生在这种潜移默化的影响下，变得更加自信自强，奋发向上。

不专注的孩子更需要家长的积极期待

日常生活中，面对不专注的孩子，家长常常苦恼自己的孩子几乎没有进步。似乎别人家的孩子越长大越懂事，自己家的则不尽如人意，越大越难管。

但越是专注力有问题的孩子，越是需要家长的积极期待。下面这个案例，就是最佳佐证。

幼儿园时期

孩子的在校表现

全班 30 位小朋友，只有他表现最差，总爱乱动。

老师与家长的反应

老师：你的儿子有多动症，在板凳上连 3 分钟都坐不了。

家长：老师表扬你了，说宝宝原来在板凳上坐不了 1 分钟，现在能坐 3 分钟了，宝宝有进步了！

孩子的表现

孩子破天荒地吃了两碗米饭，并且没让妈妈喂。

小学时期

孩子的在校表现

全班 52 名同学，他考了第 50 名。

老师与家长的反应

老师：这次数学考试，你儿子排在第 50 名，我们怀疑他智力上有些问题，你最好带他去医院查一查。

家长：老师对你充满了信心。他说你并不是笨孩子，只要能细心些，就会超过你的同桌。

孩子的表现

孩子好像长大了许多，上学也比平时积极。

初中时期

孩子的在校表现

孩子的成绩平平无奇。

老师与家长的反应

老师：这个成绩考重点高中有点危险。

家长：班主任对你非常满意，他说了，只要你努力，很有希望考上重点高中。

孩子的表现

孩子变得充满干劲，更加努力地学习。

高考结束了，大家都在等录取通知书。第一批大学录取通知书下达时，学校打电话让她儿子到学校去一趟。她有一种预感，儿子被重点大学录取了，因为在报考时，她对儿子说过，相信他能考取重点大学。

儿子从学校回来后，把一封印有“清华大学招生办公室”的特快专递送到她的手里，突然，就转身跑到自己的房间里大哭起来。

儿子边哭边说：“妈妈，我知道我不是个聪明的孩子，可是，这个世界上只有你欣赏我……”

听了这话，妈妈悲喜交加，再也按捺不住十几年来凝聚在心中的泪水，任它流下，打在手中的信封上……

在教育中，积极的期待和肯定对孩子非常重要，哪怕全世界都觉得孩子不行，只要家长相信自己的孩子，孩子就会拥有奋发向上、努力成材的动力。

如果家长都抱着“破罐子破摔”的态度，怎么可能让孩子有积极向上的动力？如果家长和孩子都不抱希望，失去动力，孩子怎么可能充分发挥自己的潜能？

小课堂

永远要对自己的孩子抱有正向、积极的期待，任何时候、任何情况下都应如此。

永不言弃的家长一定会得到丰厚的回报，就像前文中的那位妈妈一样。

人的可塑性是很强的，孩子的可塑性更强。

每个人都可能比现在的自己做得更好，而且是好许多；也可能比现在的自己做得更差，而且是差许多。这是因为，人类拥有巨大的潜能，据科学家估计，潜能发挥得最好的人也就发挥出百分之五，发挥得最差的人只发挥出千分之一，大部分人发挥出百分之一。

想一想，如果你的孩子现在潜能只发挥出百分之一，假如潜能发挥出百分之二会是一个什么样的情景？是不是想想都让人激动？

开发孩子潜能的方法多种多样，最基础的条件则是家长对孩子要抱有积极的期待，孩子感受到这种期待才能将其化为行为的动力。

第 5 节

以身作则，家长是孩子最好的老师

- 模仿，对孩子影响最大的学习方法
- 以身作则，为人家长的第一要义

在上一节中，我们探讨了期待与收获之间的关系，在这一节中，我们将要讨论一个很有趣的话题——家长的行为对孩子到底会产生多大的影响？

看到这个问题，也许很多家长多多少少都能意识到在孩子的身上总能发现自己的影子。生活中，家长也常常开玩笑说：你看这孩子性格多像我；这孩子怎么跟我小时候一样……

> 家长的行为对孩子的影响远比我们想象中深刻。
>
> 日常生活中，孩子在与家长相处时，会观察家长的一言一行、一举一动，将其铭记于心，并不断学习和模仿这些言行举止。

对孩子影响最大的学习方法：模仿

“模仿”是孩子探索这个世界的一种途径，也是不断吸收和成长的一个过程。当家长发现孩子在模仿自己时，应该及时予以回应和正确的引导。

现在，我们来看两个十分有意思的案例，这是两个完全相反的场景。

YES 场景

怎么回事，这次考试又倒数！
电工资格考试XX市考场
学了这么久，终于考下来了。
电工证
这小子进步神速呀！
月度成绩
期末测试
怎么我不管你，你的学习反而进步了？
爸爸都四十多岁了，每晚还努力学习，我还有什么理由不好好学习呢？

NO 场景

从上面两个案例截然不同的场景中，我们可以得出一个共同的结论，那就是人们常说的：有样学样。不知家长们看到这些场景有没有心里一惊，如果回头去看会发现自己的学习习惯、生活习惯，甚至思维方式，都对孩子产生了极大的影响。

除了直接模仿家长的行为，孩子也会从我们给他营造的社会环境中进行模仿。

这个世界上，绝大多数人的心态是随大流。屈原所说的“众人皆醉我独醒”的现象虽然的确存在，但只能发生在少数人身上，对于大部分人来说，随大流是最常见的选择，对于孩子来说也是如此。

在美国发生过这么一件事。

有一天，在一条大街上，突然有一个行人向东跑起来，也许他猛然想起了一个约会，急着去赴约。

随后一个卖报的孩子跑起来了，接着一个急匆匆的绅士也跑起来了，大概他们都有要紧的事要办。

接下来的事情就有点不可思议了。十几分钟以后，这条大街上所有的人都跑起来了，而且人们嘴里还不断地喊着什么，嘈杂的人群中，有时可以听到人们在说“上帝呀”。大街上的人越来越多，刹那间几千人像潮水一样恐慌地涌向东方，没有人知道究竟发生了什么事。从人群的喊叫声中可以听到，“决堤了”“向东”“东边远离大河”“东边安全”。

路边有人不明白是怎么回事，便问正在跑着的一个人：“发生什么事了？”得到的回答是：“别问我，问上帝去！”

不要嘲笑他们，大多数人在这种情况下都会做出从众的选择，因为人是环境动物。

这种随大流的现象，在孩子身上表现得会更加明显。一本心理学教科书，在谈到模仿学习时，附了一张照片。照片中在马路的人行道上，一对青年男女相互搂着走路，他们的身后是两个小学生——一男一女，小男孩也把手搭在小女孩的肩上。

如果说，前面那一对青年男女这么做是表示情爱，那后面两个小学生却没想那么多，他们的行为就是一种无意识的模仿。而正是这一点一滴的模仿，在不知不觉中塑造着他们的行为。

小课堂

儿童社会性行为的学习主要来自模仿，也就是说，成人怎么做，他们也会跟着怎么做，通过模仿逐渐形成自己的行为模式。所以，大多数情况下他们并不知道为什么要这么做，只是有样学样而已。

以身作则，为人家长的第一要义

大家普遍认为知识分子家庭出身的孩子学习成绩要好一些。有人认为这是由于知识分子家长聪明，他们的孩子自然也聪明，而且家长有文化，可以辅导孩子学习。

实际上，大部分人的智力水平都差不多。就知识储备而言，如果重新参加高考的话，也许部分大学教授都未必能取得好成绩，知识分子家长中，能够直接辅导孩子的人其实并不多。

那这种现象又是什么原因造成的呢？其实最主要的原因是这些家庭有一个相对良好的环境氛围。

正面的家庭环境引导

如果在家里，家长的主要活动是读书、写作，那么孩子也能很安心、很专注地学习。

负面的家庭环境引导

如果家长在家打麻将，家里会很嘈杂，无法给孩子提供一个安静的学习环境，孩子自然无法安心学习。

在接触过的案例中，我们曾经看过一个自己行为举止粗鄙的父亲，一本正经地教育他的儿子，讲的全是为人要温和友善的大道理。可就他表现出来的行为举止，怎么可能让孩子信服，把孩子教育好呢？

作为家长，可以没有高深的学问，但是一定要以身作则，做好孩子的榜样。当孩子的行为不尽如人意的时候；当孩子不爱学习，成绩不好的时候，别把眼睛全盯在孩子身上，要学会换个角度思考，先检讨检讨自己的所作所为，也许能找到更根本的原因。

小课堂

家长一定要记住，自己就是孩子最好的老师。以身作则，是为人家长的第一要义。

大家一起来！

专注力小游戏

记忆翻牌

▶ 取 3 张不同的扑克牌（去掉花牌），将其随意排列于桌上，如从左到右依次是梅花 2、黑桃 3、方块 5。

▶ 选取 1 张要记住的牌，如梅花 2，让孩子盯住这张牌，然后把 3 张牌倒扣在桌上，由家长随意更换 3 张牌的位置，然后，让孩子报出梅花 2 的具体位置。

▶ 孩子猜对了，则胜；猜错了，则输。家长和孩子可以轮流猜。

▶ 随着孩子游戏能力的提高，可以适当增加难度，如增加牌的数量、换牌次数等。这个游戏可锻炼孩子的专注力和快速反应能力。

Chapter 2

心智开发训练，找回孩子专注力

小测试

>>> The Test

你的孩子学习能力如何？

关心孩子学习的家长，经常会发现有些孩子学习起来轻松高效，成绩很好，而有些孩子却费时费力，成绩总是上不去。其实，这种差异和孩子的学习能力息息相关。

你的孩子学习能力如何呢？不妨先来测一测。

---

1. 喜欢记忆、背诵诗句或文章。

□ **A.** 经常　□ **B.** 偶尔　□ **C.** 从不

2. 喜欢看报纸、杂志。

□ **A.** 经常　□ **B.** 偶尔　□ **C.** 从不

3. 会提出诸如“什么时间开始”一类的问题。

□ **A.** 经常　□ **B.** 偶尔　□ **C.** 从不

4. 喜欢自己观察某一种东西。

□ **A.** 经常　□ **B.** 偶尔　□ **C.** 从不

5. 对新鲜的事物表现出兴奋。

□ **A.** 经常　□ **B.** 偶尔　□ **C.** 从不

6. 会随音乐起舞或演唱。

□ **A.** 经常　□ **B.** 偶尔　□ **C.** 从不

小测试

>>> The Test

7. 会问闪电是怎么回事、云是如何形成之类的问题。

☐ **A.** 经常　☐ **B.** 偶尔　☐ **C.** 从不

8. 如果在他非常熟悉的故事中更换一个词，他会立即指出来。

☐ **A.** 经常　☐ **B.** 偶尔　☐ **C.** 从不

9. 能轻而易举地学会骑自行车、溜冰等新技能。

☐ **A.** 经常　☐ **B.** 偶尔　☐ **C.** 从不

10. 很愿意扮演各种角色，并喜欢编故事，自己做主角。

☐ **A.** 经常　☐ **B.** 偶尔　☐ **C.** 从不

11. 走街过巷时，能指出这里或那里他（她）曾经到过。

☐ **A.** 经常　☐ **B.** 偶尔　☐ **C.** 从不

12. 喜欢听各种乐器演奏，凭乐声便能判断出是哪种乐器。

☐ **A.** 经常　☐ **B.** 偶尔　☐ **C.** 从不

13. 擅长绘制地图和描绘物体。

☐ **A.** 经常　☐ **B.** 偶尔　☐ **C.** 从不

14. 善于模仿人的各种动作和表情。

☐ **A.** 经常　☐ **B.** 偶尔　☐ **C.** 从不

小测试

>>> The Test

15. 乐于按照大小和颜色对玩具进行分类。

☐ **A.** 经常　☐ **B.** 偶尔　☐ **C.** 从不

16. 会对事情进行推测，比如：“小蝌蚪一动不动，肯定是饿坏了。”

☐ **A.** 经常　☐ **B.** 偶尔　☐ **C.** 从不

17. 听故事的时候，乐于设想下面的情节。

☐ **A.** 经常　☐ **B.** 偶尔　☐ **C.** 从不

18. 会对不同声响进行评论。

☐ **A.** 经常　☐ **B.** 偶尔　☐ **C.** 从不

19. 当初次见到某人时，会说：“他使我联想起某某。”

☐ **A.** 经常　☐ **B.** 偶尔　☐ **C.** 从不

20. 能准确判断自己能做什么或不能做什么。

☐ **A.** 经常　☐ **B.** 偶尔　☐ **C.** 从不

小测试

>>> The Test

测试结果与分析

A 3分

B 2分

C 1分

总分：26 分以下

▶ 孩子的学习能力还有待提高，需要进一步明确学习中出现的问题，并运用科学的方法进行改善。

总分：26 ~ 44 分

▶ 孩子具备一定的学习能力，但还有进步的空间。

总分：44 分以上

▶ 孩子具备很强的学习能力，证明家长在孩子学习能力的培养上运用了较为科学正确的方法，坚持训练可以让孩子的学习能力更上一层楼。

第1节

科学测试，精准认知孩子专注力

- 舒尔特方格
- IVA-CPT 测试
- 问卷测试
- 测试结果

在前文中，我们已经了解到专注力对于孩子的学习以及各方面能力发展有多重要。很多家长经常有这样的烦恼：孩子的专注力的确存在问题，但到底要用什么方法才能训练和提升他们的专注力呢？

其实训练孩子专注力的方法有很多种，每个孩子情况不同，适用的方法也就不同，适合孩子的方法就是最好的方法。在对孩子进行专注力训练之前，我们要先给孩子做一个相关的科学测试。只有先通过专业科学的测试，了解孩子的专注力状况，我们才能知道应该使用哪一种方法。

接下来，我们将介绍几种科学、权威的专注力测试方法。有的在家里就可以做，简便快捷，可以大致了解孩子专注力的总体状况；有的需要到专业机构去做，这种测试能够更精准地反映孩子专注力的水平、特征以及问题所在。

舒尔特方格

22	8	11	12	19
23	13	2	5	3
18	25	1	7	4
16	24	20	6	9
14	17	10	21	15

最初的舒尔特方格是由 25 个格子组成的一个正方形，每个格子中都标有对应的数字，游戏进行时需要孩子按照 1～25 的顺序去指读数字。如今，舒尔特方格已被做成了电脑软件和手机 APP，家长可以在网上轻松搜索到，做完以后软件也会马上给予评分反馈，由此便能够大致了解孩子的专注力水平了。

>>> 小课堂

舒尔特方格的游戏性很强，不仅适合家长和孩子在日常生活中游戏互动，还非常适合做提升孩子视觉搜索能力的训练。但舒尔特方格也有不足之处，它仅能用于测试孩子视知觉层面的专注力水平，在听知觉层面上则不具备测验功能。如果您的孩子已出现长期的听课分心、没耐心听讲等行为，则需要寻求其他更专业的测试。

问卷测试

这套专门测试专注力的问卷叫作《中国中华医学会神经精神学会修订量表》，大家不要被这个量表的名字吓到，它的命名是因为在专业学科分类上，“专注力缺失”属于精神医学学科。通过这个问卷，家长们可以根据孩子的行为表现专业地、客观地给予评分，初步评估孩子的专注力状况。

根据下表参照孩子的行为进行评分，如果存在以下行为，并且至少持续 6 个月以上（包含 6 个月），则记为 1 分，最终得分超过 4 分的孩子则被认定为专注力缺失儿童。

内容	得分	评分标准
1. 在需要其静坐的场合难以静坐，常常动个不停	（ ）	勾选一项计1分，若最终得分超过4分，则被认定为专注力缺失儿童
2. 容易兴奋和冲动	（ ）	
3. 常干扰其他儿童的活动	（ ）	
4. 做事常有始无终	（ ）	
5. 注意难以保持集中，容易转移	（ ）	
6. 要求必须立即得到满足，否则就产生情绪反应	（ ）	
7. 经常多话，好插话或喧闹	（ ）	
8. 难以遵守集体活动的秩序和纪律	（ ）	
9. 学习成绩差，但不是由智力障碍引起	（ ）	
10. 动作笨拙，精巧动作较差	（ ）	

IVA-CPT 测试

IVA-CPT 测试是专业级的专注力测试工具，也被称为视听整合连续性测试，该测试是国内外专家普遍认可并且具有诊断依据的专注力测评方式。

通过 IVA-CPT 测试，家长可以直观地了解到孩子的自控力、注意力、理解力、反应速度、坚毅性等方面的特性。

这套测试可以帮助家长有针对性地对孩子进行个性化指导，更好地提升孩子的专注力水平，从而提高孩子的整体学习能力。

IVA-CPT 测试：

IVA-CPT 测试需要在电脑上进行。测试时，电脑屏幕上会不停地以图像和声音的形式出现数字“1”和“2”。

被试者只需要在听到或者看到“1”时，按鼠标左键。若在出现数字“2”时单击鼠标，则会被记为错误反应。

测试结束后，系统会结合被测试者的年龄进行统计分析，生成分析报告。该报告中包含以下数值。

理解力商数

反映出孩子对本测试是否理解以及学习方面的知识吸收能力。

控制力商数

从总体上反映孩子的自控力水平。

注意力商数

从总体上反映孩子的注意力水平。

多动事件次数

如果次数小于或等于 5 是正常范围，如果次数大于 5，就表示孩子有冲动任性、好惹事等行为。

多动商数

评估孩子在测试中的多动行为，数值过低则表明孩子具有冲动、过度激动、无秩序等特性。

谨慎商数

反映孩子控制力的水平，表现为做事情是否经过思考，是否有冲动行为等。

一致性商数

反映孩子控制力的稳定性，理解与表达是否一致，是否粗心大意。

毅力商数

反映孩子控制力的维持能力，该项指标低的孩子往往做事情三分钟热度，没有耐心。

警醒商数

反映孩子在注意力的保持上是否存在问题。该项目指标有问题的孩子，会出现上课不注意听讲，容易受外界干扰，容易轻信他人，对危险没有识别能力等问题。

注意力商数

反映孩子是否容易走神、愣神、发呆。

速度商数

反映孩子处理信息的速度，具体表现在写作业或者做事情上是否拖拉磨蹭等。

如果孩子以上数值都比较低的话，就会出现以下行为表现。

学习方面：上课听讲的时候，伴随着不可控制的小动作，注意力不集中、容易走神等；写作业的时候，速度慢、边做边玩、注意力分散，经常出现笔误、看错行、漏字添字等粗心马虎的问题；考试的时候拿起卷子就做，不加思考，也不规划做题时间。

社会生活方面：与人交谈的时候，经常东张西望、摸东摸西等；做事的时候，没有恒心和毅力，经常三分钟热度，遇到困难容易出现退缩回避的行为；在生活中常常丢三落四，拖拉磨蹭。

性格方面：冲动任性、倔强、自控力差、不服管教、不合群，甚至有不良行为、缺乏安全意识、做事情不计后果，等等。

以上便是我们本节要介绍的三种专注力测试方法，如果有家长需要带孩子做专注力测试，最好到三甲医院、儿童医院以及专业的机构进行测试。

测试结果

完成上述的专注力测试后，通常会出现三种结果。

没有问题

首先恭喜您和您的孩子，专注的孩子是非常优秀的。如果您想让孩子更上一层楼，我们建议您可以做一些家庭辅助训练，以助力孩子取得更大的进步。

有问题，但情况不严重

建议进行一些专业的专注力提升训练，同时辅以家庭辅助训练，孩子专注力缺乏的问题基本就能够得到解决。

有问题，且情况比较严重

如果出现这样的状况，家长一定不能耽搁，一定要寻求专业帮助。

为培养与训练孩子的专注力，科学测试必不可少。如果您想对孩子的专注力进行系统的练习，那么在此之前，一定要记得先带孩子进行专注力测试。

第 2 节

抓住关键期，轻松培养孩子的专注力

- 了解关键期
- 专注力培养关键期

对孩子的专注力进行测试以后，我们便可以开始有针对性地培养孩子的专注力了。

接下来我们就谈谈，专注力训练的关键期是什么时候？在孩子的发展关键期，训练专注力应该注意哪些问题呢？

了解关键期

在儿童心理学中，关键期是一个极为重要的概念。在孩子的培养过程中，能否在关键期内训练相关能力，可以直接影响到教育的成败。

率先提出“关键期”理论的是著名的动物行为学家康拉德·劳伦兹。他是第一位以心理学家身份获得诺贝尔奖的科学家。康拉德通过实验发现，人类个体从出生到成熟有一个漫长的过程，在这个过程中，不同年龄阶段的发

展水平和速度是不同的。

个体在其发展过程中的某个特定时期，对某些能力或知识信息的获得特别敏感。如果在这一时期接受了适当的刺激影响，就能不知不觉、毫无困难地获得这些能力和知识；反之，如果在这个时期未能受到适当刺激的影响，那么个体以后对这些知识或能力的获得就会事倍功半，得花几倍、几十倍的时间与努力，甚至有永远失去获得这些能力和知识的可能。

著名教育家玛丽亚·蒙台梭利通过对幼儿自然行为进行细致、耐心、系统地观察后指出：儿童在每一个特定的时期都有一种特殊的感受能力，这种感受能力促使他对环境中的某些事物很敏感，对有关事物的注意力很集中，很有耐心，而对其他事物则置若罔闻。蒙台梭利将拥有这种能力的时期称为“关键期”。

一位美国心理学家说：“一个 8 岁的孩子学会了微积分，我们说他是一个天才；一个 20 岁的青年熟练地掌握了一门外语，我们更应该说他是天才。因为，他已经错过了语言能力发展的关键期。”

因此，我们的孩子在某种能力的关键期内进行学习，对外界的刺激会特别敏感，从而获得某种能力的提高，并且学习过程会非常轻松高效；而一旦错过了关键期，即使外部条件再好，也需要花费很多的努力，才能达到理想效果。

小课堂

在关键期里所形成的能力具有不可逆转性，它能够为孩子各项能力的发展打好基础，而且这种基础是持久的、稳固的。

专注力培养的关键期

蒙台梭利提到过 25 个儿童敏感期，在这里，我们重点讲解一下专注力培养的关键期。

三岁半左右是幼儿专注力发展的关键期。这一时期的孩子有如下这些特点。

1 ▶孩子的注意范围扩大了，更多的人与事物进入到他们的注意范围之内。

2 ▶孩子会提出许多问题，对他们感兴趣的事物充满了好奇。

3 ▶孩子的专注力保持时间短暂且不稳定，容易被周围的其他事物吸引。

4 ▶孩子可以通过自身努力将专注力放在目标任务上，但这种能力还处于起步阶段，不占有优势。

5 ▶孩子的动作频繁，到处探索，很少能够安静下来，但遇到自己感兴趣的事物时，会表现得非常专注。

当孩子处于 0 ～ 3 岁这一时期，即发展专注力的关键期前，家长们可以做到以下几点。

1 给孩子提供更多的合理刺激

· 家长可以给孩子提供一些合理刺激，如玩具、图书等用品，但对电子产品的使用要有限制，不是完全不给孩子使用，而是要有度，让电子产品成为孩子生活中的一部分而不是全部。

2 耐心解答孩子的问题

· 当孩子提出很多问题，尽管这些问题可能千奇百怪，家长也应尽量耐心解答，并指导他们集中注意力探索自己发现的问题，切忌忽视、回避或拒绝孩子。

3 主动引导孩子集中注意力

· 日常在与孩子的互动中，家长可以提醒他们去注意某一事物，让他们主动探索，例如在各种形状的积木堆中找出目标积木。

4 允许孩子的探索行为

· 这一时期的孩子动作频繁，总是在用动作探索周围的世界，家长应该允许并鼓励孩子适当的探索行为。当孩子将注意力集中于某一事物时，家长可以跟孩子交流，一起探索，使他们能够在感兴趣的事物或活动上保持较长的注意时间和稳定性。

5 对孩子的活动安排要松弛有度

· 这一时期的孩子专注力不够稳定，注意范围较窄，所以家长应该避免让孩子太长时间持续进行某一活动。

从孩子3岁起，家长已经可以送孩子入幼儿园，有规律、有节奏的学习生活会促进孩子的专注力发展，有利于培养孩子的独立性、纪律性和时间观念。

> 孩子在3～6岁这一时期会开始追求完美，非常在意外界的评价，同时也开始逐渐拥有了一些自己的评价标准。此时的他们对外界环境、氛围的变化非常敏感。

而在家庭中，家长需要配合做的，就是给孩子进一步提供多样化的探索环境，培养孩子的观察力、判断力，但最重要的是家长要做孩子的榜样。

在日常生活中，家长可以通过很多小事培养孩子的专注力，比如引导孩子在家中寻找物品交给爸爸妈妈，爸爸妈妈定期跟孩子进行亲子伴读，让孩子手指文字，家长读给孩子听等。

小学阶段是儿童专注力培养、训练、矫治的关键期。在这一阶段里，如果孩子的专注力存在问题，比如已经出现分心、多动、冲动行为影响到他们的学习活动与社会活动，并引发一系列的次发性症状，出现沮丧、低落、无聊、挫折等负面情绪，惧怕学习新事物，人际关系不良，行为暴力，等等。那么家长应该高度重视，在科学诊断的基础上进行必要的矫治与训练，对于孩子来说，专注力训练得越早，效果越好，耗时也会越短。

> ! 很多家长有一种错误的想法，认为上述缺乏专注力引发的问题会随着孩子年龄的增长而自动消失，所以不去过多干预。但事实上，随着孩子年龄的增长，这些问题并不会自动消失，而是表现方式有所改变。因此，在这个问题上，家长千万不能有侥幸心理哦！

农民兄弟说：“什么季节种什么庄稼。”语言虽然朴素，道理却完全一样。该种小麦的季节不能种水稻；该种大豆的时候，不能种红薯，这样才会有实现丰收的基础。如果逆天时而行，不仅劳民伤财，所有的努力也将付诸东流。不错，如今科学发展了，我们有了许多的反季节蔬菜可供品尝：冬天可以吃到西红柿、西瓜等夏季水果，可是你觉得味道如何？它们的营养价值又如何？总是不如当季产的好吧！“什么季节种什么庄稼”，其实说明了一个道理，那就是一切要按客观规律办事。

>>> 小课堂

培养孩子的专注力，一定要抓住能够事半功倍的关键期。抓住这一关键期，不仅能更快速地提升孩子的专注力，也会带动孩子其他能力的快速提升，可谓一举多得。

第 3 节

解决分心，帮助孩子建立时间概念

- 有时间概念，学习更高效
- 四种方法，建立时间概念

孩子专注力出现问题，主要有三大表现：分心、多动、冲动。要提升孩子的专注力，首先要对这三大表现有清晰的认识。下文中我们将一一讲解，如何“对症下药”，击破专注力的这“三大杀手”。

很多家长都有这样的苦恼：为什么孩子学习的时候总是不能专心致志呢？为什么孩子写个作业要拖拖拉拉呢？……其实这些就是因为孩子的专注力缺失。专注力缺失最明显的表现就是容易分心，不管做什么事情，都难以从头到尾专心致志。

要想让孩子改掉容易分心的坏毛病，首先要帮助孩子建立时间概念。接下来，我们就来谈谈帮孩子建立时间概念的重要性和四种方法。

有时间概念，学习才能更高效

很多家长经常为孩子写作业着急上火，这多半和孩子写作业时拖拉、磨蹭有关。尤其是爱分心的孩子，他们写作业时拖拉是常态。对此，家长们甚至发明了一个新词：远交近攻，意思是说孩子写作业时家长们离得远了还能交流几句，离得太近只能相互攻击。

NO 场景

纠正孩子拖拉的坏习惯，帮助孩子建立时间概念，从根本上来讲，是要通过改变他们的生理、心理状况来提升专注力。如果孩子的专注力缺失不是很严重，那么，只要通过简单有效的家庭教育与训练就可以逐步帮助孩子建立时间概念。

四种方法，帮助孩子建立时间概念

方法一：把时间直观化

家长和孩子一起画 “时间消费图”，首先在白纸上画一个饼状图，然后把这个饼分成 24 份，代表每个人一天拥有的 24 小时。

接下来家长可以和孩子一起计算：我们每天睡觉大约花 9 个小时，一日三餐大约花 2 个小时，上学大约需要 7 个小时，一共是 18 个小时，这 18 个小时是不可变动的。于是，我们还剩 6 个小时可以灵活安排。

这剩下的 6 个小时需要完成两件事：一件事是做作业，另一件事是玩耍。作业是必须做的，但如果做作业磨磨蹭蹭花去 6 个小时，那就一点儿玩的时间也没有了；如果做作业花 5 个小时，便能剩下 1 个小时的时间玩耍；如果只花 3 个小时做作业，便能剩下 3 个小时的时间玩耍。家长要让孩子意识到，孩子一天能玩多长时间是由他们自己决定的。家长可以把这张图放在孩子的书桌上，让孩子时刻提醒自己要抓紧时间做作业。

方法二：把时间形象化

前面讲到，做事磨蹭、做作业拖拉的孩子明显是缺乏时间概念，因此，帮助他们建立时间概念是重要且必要的。因为孩子年龄尚小，对时间概念的理解比较模糊，所以如果能把时间形象化，他们便能更清晰地感知时间。

沙漏是一个非常实用的将时间形象化的工具。家长可以买一个沙漏，和孩子一起看时间的流逝。在沙漏中，时间被形象化、具体化，通过观察沙漏，孩子能在潜移默化中形成时间概念。可以在孩子的书桌前放一个沙漏，让他们自己规划完成作业的时间，并利用沙漏计时。

方法三：把时间仪式化

仪式的力量是强大的，我们也可以帮助孩子将时间仪式化。

家长可以在网上买一个小道具——时间轴手链。这是一种带有若干颗黑色珠子的手链，手链上的珠子大小不等，分别代表 20 分钟、10 分钟、5 分钟等时间。当孩子写作业的时候，让孩子事先计划好完成该项作业需要使用的时间，然后开启对应的珠子进行计时。

时间轴手链能够让孩子充分地感受到时间的重量。每一颗珠子代表的时间不同，重量不同，孩子的感受

也就不同。因为珠子是有重量的，孩子在动手做小动作时，能够明显感觉到手链的存在，能够意识到此时我在做与学习无关的动作。

当我们第一次将时间轴手链展示给孩子的时候，孩子通常会问：“这个真的是时间吗？”我们可以回答：“对的，这就是时间，你带上它就等于把时间握在了手中，现在你的时间由你掌管，你能感受到它的重量，也能体验到你要承担的责任。”不出意外，孩子一定会一脸郑重地说：“好，我会管理好它的！”

方法四：利用生活场景培养时间概念

家长还可以利用一些生活场景培养孩子的守时概念。

YES 场景

我们可以通过类似上图中的场景告诉孩子，生活在这个世界上的人都要有守时的概念，要不然，你的生活中很容易出现不愉快的事情。

除了看电影，利用坐火车、汽车、飞机等生活场景也可以帮助孩子培养守时概念，因为这些交通工具都有时刻表。

以坐火车为例，家长可以这样引导孩子：火车票上会有一个发车时间，告诉乘客几点几分发车，它是火车站与乘客的一个约定。火车既不能提前走，也不会等迟到的我们。如果我们迟到了，责任就要由我们自己承担，因为是我们自己破坏了守时的约定。

家长可以利用一些自然发生的生活情境帮助孩子形成守时的概念；也可以主动创设一些情境帮助孩子形成守时的概念。例如：和孩子约定时间从事某项活动，最好是他感兴趣的活动，守时会有相应的奖励，不守时会有相应的惩罚，而且这种惩罚最好是不守时的直接后果。

除此以外，家长还可以利用旅行的各种计划安排形成孩子的时间规划意识。

假期全家乘飞机外出旅游，这是让孩子兴奋的一件事，也是促使孩子时间规划意识形成的契机。家长可以告诉孩子飞机起飞的时间是上午 11 点，全家人必须在 9 点半之前到达机场，因为换票、安检、候机需要一个半小时，让孩子做出行规划，孩子通常很乐意配合。

>>> 小课堂

当孩子作为规划者和责任人之后，他们不仅会认真执行，还会督促别人。由此，渐渐形成时间规划意识。

这一节，我们分享了通过直观化、形象化、仪式化、生活场景化等四种方法来培养孩子的时间概念，从而纠正孩子拖拉、磨蹭的习惯，改变孩子的生理和心理状况，提升孩子的专注力。

在本书第三章，我们还将提供更系统的时间管理方法，从根本上改善孩子的专注力。

第 4 节

控制冲动，帮助孩子建立规则感

- 冲动，更容易成为“熊孩子”
- 五点入手，建立规则感

知乎上有一个热搜问题：“遇到‘熊孩子’，该怎么办？”可见“熊孩子”已经成为让大家头疼的一个群体。这类孩子大多不讲规矩，不守公共规则，常常出现破坏性、攻击性、危险性的行为。

或许有些家长会感到奇怪，我们不是一直在谈专注力的问题吗，怎么又聊到“熊孩子”的话题上去了？

前文中，我们已经介绍过专注力的缺失，一共有三种表现形态——分心、多动与冲动。

所以，多动、冲动行为也属于专注力训练的范畴。多动、冲动的孩子主要是缺乏控制力，即自我控制的能力。而自我控制能力是专注力的一部分。在我们接触过的案例中，专注力缺失的孩子分心的比较多，但多动、冲动的也不在少数。

而这正是我们聊一聊“熊孩子”这一问题的原因。

冲动，更容易成为“熊孩子”

NO 场景

说这些“熊孩子”故意闹事、搞破坏是夸大其词，但是他们的行为确实已经违反了一些社会规则，给他人造成了不良的影响，而这种事情并不是特例。

6 年级的子豪就是一个“熊孩子”，他最大的问题是无法对自己的行为进行控制，容易受到外界刺激和自己情绪的影响。

比如，两个同学在争吵，他本来是一个旁观者，但最后的结果往往是他和别人打了起来。在日常生活中，他经常表现得很不耐烦，没等别人说完就开始插话，不能忍受排队。他经常不经过思考就开始行动，在集体游戏或比赛中不能遵照游戏规则，不愿等待着按顺序轮流进行。

他也经常去干扰同伴的活动，与同伴发生冲突，所以不受同伴欢迎。他总是因为行为鲁莽，不考虑后果，凭一时冲动，把原本良好的愿望变成了不好的结果。他还经常违反校规校纪，受到老师的批评、学校的处罚……这些错误经常重复发生，难以改正，子豪便成了让学校“头疼”的问题少年。

小课堂

子豪的这种行为，是典型的专注力缺失问题，即由于缺乏自控能力而表现出来的行为失控。

事后，这些孩子也会追悔，但当时，他们就是控制不住自己的情绪。

如果任其发展下去，不仅会影响良好生活习惯的养成，也会影响学习效率，甚至会对未来的工作、家庭产生负面影响。

帮助孩子建立规则感，从五个方面入手

有些家长会认为自己家的孩子情况还好，没有到这么严重的地步，但孩子最终都要走向社会，如果没有规则感，那么孩子就不知道底线在哪里，没有是非观念，不知道自己的行为界限在哪里。

接下来我们重点讲解如何帮助孩子们建立规则，减少其多动、冲动的行为。

1. 告诉孩子什么是规则以及违反规则的后果

家长可以把这些规则写下来，贴在墙上。如果孩子违反规则，那他就要受到相应的处罚。为了孩子以后能够在有限的空间里，无限地享受自由，规则感是必不可少的。

2. 明确孩子一旦违反了规则，一定要处罚

对孩子违反规则的行为，处罚的原则是“零宽容，无例外”。如果出现一次宽容违反规则的行为，孩子就会觉得规则是可以破坏的，这对培养孩子的规则感相当不利。

3. 给孩子的情绪一个适当的“出口”

冲动的孩子情绪不稳定，容易激动，如果给他们适当的情绪宣泄出口，把其体内的能量释放出来，对减少他们的冲动行为、攻击行为会有很大帮助。

具体说来，要求家长不要对孩子在家的一举一动都给予严密的监视，更不能他们稍有不当的行为就给予教育甚至指责。

在事情不大、破坏性不强的时候，做家长的要学会“睁一只眼闭一只眼”，给孩子宣泄自己情绪的机会与空间。

4. 多给他们提供运动的机会

运动对于分心、多动、冲动的孩子来说，有利于锻炼规则感。

几乎每一种运动都存在规则，不按规则的话，运动游戏就无法继续下去。比如，踢足球不能用手，打篮球不能走步，竞走不能跑，等等。

孩子在运动中形成的规则感会迁移到日常生活和学习中。

5. 开展社交训练

如果孩子不太会解读社交信号，比如肢体语言、声调、时机等，试着提供特定的、清晰明确的指导，帮助他们进行社交训练。

很多专注力有问题的儿童被人认为有自私的缺点，事实上他们只是不知道如何与人互动，对人际交往的规则缺乏了解。对于这些孩子而言，互动技巧不是天生就会的，是需要学习与训练的。

本节我们了解了规则感对于专注力缺失孩子的重要性，同时提供了五种方法帮助这些孩子建立规则感，减少他们的冲动行为。家长们一定要记得在生活中多加应用，帮助孩子建立起规则感。

第 5 节

改善多动，帮助孩子磨炼耐心

- 多动孩子的四大特点
- 如何面对多动孩子

孩子活泼好动是精力旺盛的表现，也是天性使然。如果你到动物园，就会看到老猴子坐在那儿不动，小猴子总喜欢活蹦乱跳。可以说，活泼好动是孩子的天性，我们不能把孩子的天性错认为是多动。

孩子有多动倾向，家长不闻不问、遮遮掩掩是错误的；但误把孩子的活泼好动当成多动则是一个更大的错误。因此，家长首先要对什么样的行为算多动有正确的认识。

多动孩子的四个特点

1. 活动量过大

多动现象大约从幼儿早期开始，进入小学后更明显。

孩子多动的表现

看书看不了几页，就换一本，或干脆把书撕了；

时常翻箱倒柜，把家里搞得乱七八糟；

上学后，手脚动个不停、坐不住，比如上课小动作多，不能安静地坐着，在座位上扭来扭去；

话多、乱跑、乱跳、爬上爬下、不知危险。

NO 场景

目前在学校里有一种伴读现象，即家长和孩子一起上课，一起放学。这是为什么？

原来这些孩子不仅自己不好好学习，还严重影响其他同学。学校只得让孩子的家长伴读，以随时制止孩子妨碍其他同学的行为。这样的场景，实在有点让人啼笑皆非。

! 如果怀疑孩子有多动倾向，可以先进行专注力测试。因为判定一个孩子是否有多动特征，主要指标不是活动量，而是自我控制的程度。

“动若脱兔，静若处子”的孩子就不存在多动的问题；无法控制自己的动作或语言的孩子才是真正的多动。

2. 话多且缺乏逻辑

多动的另一种表现是话多、说话缺乏逻辑且不考虑场合。

多动孩子说话的特点

话多，从早到晚说个不停；

说的话没有明确的目的指向与逻辑性，有时自己也搞不明白说了些什么；

说话时不考虑场合是否合适，别人讲话时经常插嘴或打断别人的谈话，在老师的问题尚未说完时便迫不及待地抢先回答，也不能耐心地排队等候。

3. 情绪不稳，冲动任性

多动的孩子情绪上也经常出现各种问题。相对于正常孩子，他们的情绪不稳定，且容易冲动任性。

容易出现情绪问题

情绪不稳定、易激动、易怒、易哭、易冲动、常发脾气、个性倔强、固执、急躁、行为幼稚、缺乏荣誉感、不辨是非。

容易出现不良行为

经常说谎、逃学，有的还会外出不归，甚至染上影响其终身发展的恶习。

4. 学习困难

多动的孩子虽然智力正常，但都表现出学习困难、记忆辨别能力差等问题，比如常把“b”写成“d”或把“6”写成“9”等，通常学习成绩较差。也有的存在多动问题的孩子虽然智力较高，但学习成绩还是不理想，表现为成绩忽上忽下、波动很大，大多数时候是家长严加管教成绩就上去，放松不管成绩就下降，有的孩子甚至因为成绩差而留级。

面对多动孩子，家长可以这样做

1. 理解孩子，关爱孩子

理解孩子的多动行为不是故意调皮、捣蛋，他们不是“坏孩子”“熊孩子”，而是由于专注力的缺失而导致的行为状态。

家长一定要和孩子一起努力克服多动问题。要记住，你和孩子是盟军，而不是敌人。当孩子清晰地感知到家长对自己的理解，就能充分调动自己的积极情绪。这是克服多动的过程中很重要、很关键的一步。

有的时候，多动的孩子只是想引起别人的注意，如果是这样的情况，大人就要自我反省一下，是不是最近对孩子的关爱不够。多动的孩子更需要关心和爱，适时地拥抱他们一下，亲吻一下，孩子慢慢地就会变得容易安静下来。

2. 形成动静结合的管理理念

多动的孩子很难坐得住，即使是让他们老实地坐在椅子上一小会儿，都会让他们觉得非常难受。他们会抖腿、弹手指，或不停地跺脚，有的甚至上课的时候也站起来来回走动。

把多动的孩子强行摁在椅子上，不让他们动，不让他们说话，几乎是一件不可能的事，还会导致亲子冲突。我们更提倡顺势而为、动静结合的训练方法：先让他们动，把旺盛的精力发泄出来，然后再引导他们向“静”的方向发展。

抖腿、坐立不安，是多动孩子最常见的问题。面对这种情况，家长可以在孩子的两条腿上，各放一个他喜欢的小零食（比如果冻），规定三分钟内腿上的零食不掉落就可以得到零食，通过这种方式鼓励孩子，同时训练孩子保持安静。

3. 对孩子提的要求要符合实际情况

多动孩子的家长既要承认孩子本来就动得比成人多的事实，也要接受自家孩子动得比同龄人多的现实，更要认清孩子行为的改变、能力的培养是一个长期的、渐进的过程。

> 在给孩子提要求时，一定要符合实际情况，要有实现的可能性。

家长要抛弃完美主义情结，不要总是以最完美的标准去要求孩子。否则，不仅家长会感到失望，孩子也会感到失望。

那么，给多动的孩子提要求，怎样才是合适的？打个比方：这就像让孩子摘树上的桃子，它的难度应该是孩子跳起来能够摘得到的，而不是跳起来也摘不到的，也不是不用跳就能摘到的。

4. 让孩子的生活充满有意义的活动

训练多动的孩子，家长一定要明白动是必然的，也是必需的，由动到静就是顺势而为。但是这个“动”与他们平时的瞎动、乱动，无方向、无目的的动不是一回事。

家长应当有意识地把孩子旺盛的精力引导到正确的方向与事情上去，让有价值、有意义又有趣的活动填满孩子的生活。

比如，家长可以鼓励孩子发展自己的业余爱好，将多动和孩子热爱的活动建立联结。

家长还可以鼓励孩子多交朋友，多和小伙伴在一起玩耍。童年时代，和伙伴们在一起玩耍是最快乐的事情。这种玩耍不仅可以愉悦孩子的情绪，帮助孩子从自我中心走出来，还可以增强孩子的责任意识与人际交往能力。

在家庭生活中，家长也要多为孩子找一些有意义的、有仪式感的事情做。比如，节假日一家人可以一起出去玩，与大自然亲近。平时在家，也可以安排一些有意义的家庭活动与游戏。

>>> 小课堂

当活动量足够大时，孩子旺盛的精力才能被消耗掉，孩子才能安静下来。

更重要的是，这些活动对于孩子人格的完善、知识与能力的增长、积极情绪的培养、良好品质的塑造都具有非凡的意义与作用。

5. 训练孩子的感觉统合能力

因为多动与感觉统合能力的缺失有一定关联，所以家长也要训练孩子的感觉统合能力。

感觉统合能力训练最简单的方式包括跳绳、打球、游泳等。这些运动简单易操作，而且训练效果不错。如果家庭经济条件允许，也可以让孩子参加专业的感觉统合能力训练。

感觉统合能力训练的另一种方式是玩拼图或拼装玩具。玩拼图或拼装玩具既要动手，也要动脑，在游戏过程中需要孩子投入较高的专注力与耐心，因此对多动行为的训练有较好的效果。而且大部分孩子对拼装玩具都感兴趣，是他们乐于做的事，当拼装成功后家长再给予一定的奖励，孩子就会很有成就感。然后，再逐渐提高任务的难度，不断加强对孩子的训练，这既是一个娱乐的过程，也是提高专注力、减少多动行为的训练过程。

6. 在家中安排一些训练孩子耐心的活动

家长可以在家中安排一些孩子既感兴趣又有助于他们提升耐心的活动，比如穿针、下棋、弹奏乐器等。这样也有利于在轻松的环境中培养孩子的专注力和耐心。

这类活动最好是家长与孩子一起进行，如果再增加一些竞争与奖励，效果会更好。

面对多动的孩子，家长一定要更多地理解、关爱孩子，形成动静结合的教育理念，对孩子提符合实际情况的要求，在孩子的日常生活中多安排有意义的活动，通过不断训练感觉统合能力，改善孩子多动的问题，提升孩子的专注力。

第 6 节

调节情绪，培养专注力更顺畅

- 呼吸放松法
- 呼吸训练与专注力培养

在专注力的培养中，还有一个常常被忽略的因素——情绪。情绪和专注力看似没有太大关系，实际上却密不可分。

情绪影响着我们生活的方方面面，具有较强的干扰刺激性，当人处于慌乱、生气、愤怒等负面情绪中时，状态会极不稳定，此时很难集中注意力完成某件事情。因此，拥有专注力也需要稳定情绪。

这样也就不难理解，为什么家长越催孩子写作业，孩子反而越磨蹭了。因为，当孩子被家长大声指责、呵斥的时候，情绪容易焦躁和失控，自然很难把注意力集中在作业题上。

家长有必要投入一定的时间和心血，了解情绪与专注力缺失的关系，帮助孩子做好情绪建设，保护和培养孩子的专注力。

呼吸放松法

专注力不足的孩子，在不同程度上同时存在焦虑、抑郁、冲动、愤怒等负面情绪。

这些负面情绪与分心、多动、冲动的行为相互影响，互为反馈。也就是说，负面情绪是引发分心、多动、冲动行为的因素之一，分心、多动、冲动的行为又加重了负面情绪，形成恶性循环。

因此，家长一定要重视孩子情绪的调节。平和孩子的情绪就是在为专注力训练打好牢固的基础，在此基础上再辅助以其他心理方法，那么对于孩子专注力的训练就会顺畅得多，效果也会好很多。接下来，我们来了解一种非常简单又有效的平和情绪的办法：呼吸放松法。

每一个人每时每刻都在呼吸，但是大家一般在呼吸的时候是胸部在起伏，我们称之为胸式呼吸法，也叫浅呼吸。而我们要练习的腹式呼吸法，也就是呼吸时腹部在起伏的方法，才是深呼吸，这种呼吸法对我们放松身心以及平和情绪非常有效。

YES 场景

现在，请你找一个舒服的地方坐好，可以找一张有椅背的椅子，椅背最好能高一点，这样可以支撑你的后脑勺或者拿个枕头垫在后面，以保证你的脖子和头部都有支撑物，如果想要更舒服一点，还可以在椅子上放一个坐垫，总之就是要让自己坐着很舒服。

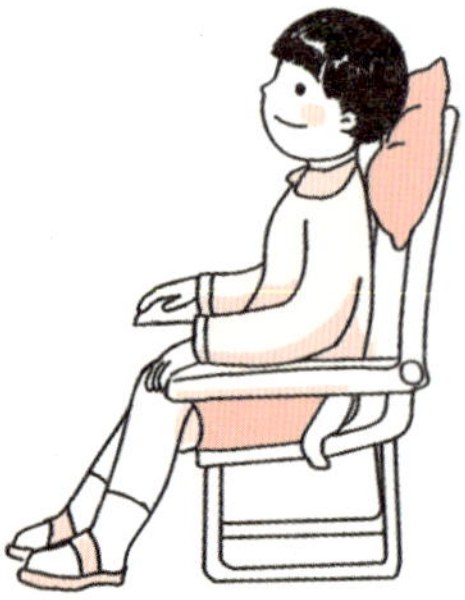

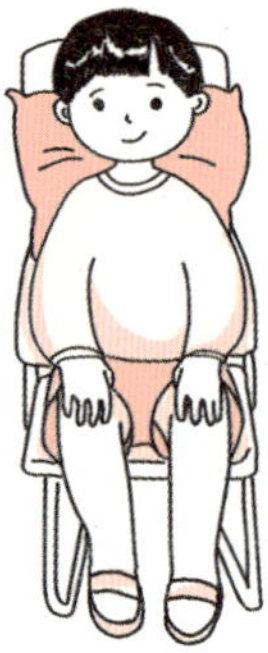

同时，保持身体不偏不倚，双脚分开，脚趾也微微张开，双手轻轻地放在腿上，手背向上，十指自然张开。

把一只手轻轻地放在肚子上，大拇指放在肚脐处，闭上眼睛，用鼻子深深地吸一口气，腹部向上隆起，同时默数三下，感觉吸入的空气慢慢流入肺部。然后屏住呼吸，同时默数三下，最后用嘴巴缓缓吐气，同时默数六下，随着腹部慢慢收回，感觉腹部的空气被彻底地排出。

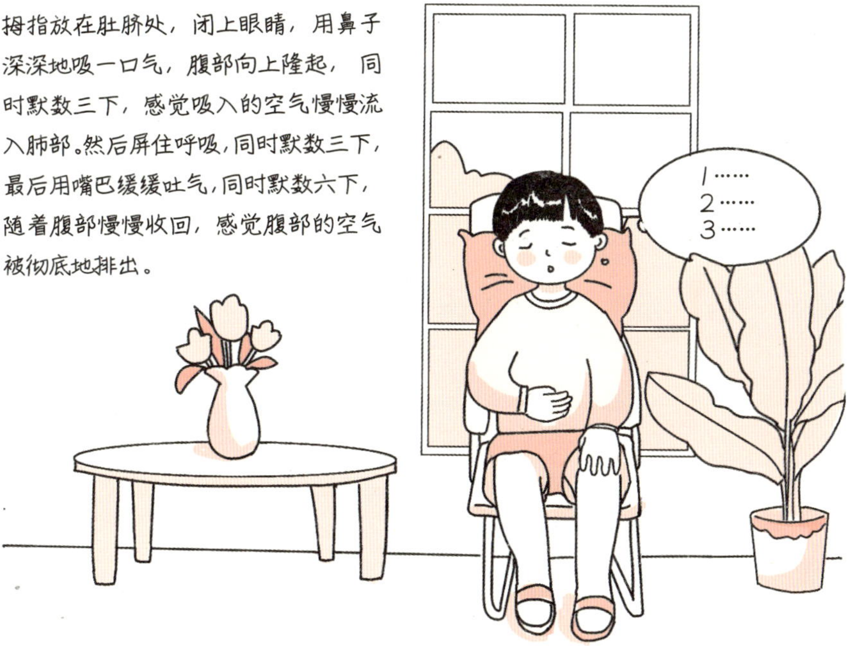

约翰·梅森医生建议，每个人每天如果进行40次以上这样的深呼吸，十分有利于身心状态与情绪状态。家长可以带着孩子一起试试看。

静静地坐在椅子上，感觉自己的呼吸变得深而慢，脑海中浮现自己的身体随着呼吸缓慢起伏的样子，宛如漂浮在轻波柔浪之中，静静地做前后左右的摇荡，仿佛全身都在呼吸，精神上也会感到十分轻松愉悦。

你也可以自由地控制呼吸的速度，熟练掌握腹式呼吸这一技巧后，我们可以尽量延长每一步的时间，包括吸气的时间、屏住呼吸的时间以及吐气的时间。随着时间的延长，放松的效果会越来越好。

家长可以将这种呼吸训练游戏化，以增加趣味性。下面是一些游戏化的指导语。游戏中，家长作为主持人，和孩子一起进行呼吸训练。

♥ 小狗呼吸 ♥

现在我们来练习小狗呼吸，膝盖和手掌放在地面上。

想象你自己是一只小狗，通过闻气味来辨别人类、其他动物和发现食物。

此时，你闻到了很香的味道，把鼻子竖起来，找找那是什么味道。

快速地吸气三次，从嘴里呼气，低下头，向旁边挪一步，发现新的好闻的东西，把鼻子竖起来，找找那是什么味道，快速地吸气三次，从嘴里呼气，低下头。

现在坐回来，坐在脚跟上，额头和手臂放在地板上休息，闭上眼睛，像一只小狗一样休息。

现在盘腿坐好，深深地吸气，慢慢地呼气，觉察你现在的感觉，慢慢地睁开眼睛。

将呼吸训练与专注力培养相结合

如果能把呼吸训练与专注力培养结合起来，会有更加意想不到的良好效果。下面将要教给大家的“我很安静”的亲子游戏就是力证。

孩子的多动往往与情绪的不稳定有直接的关联。多动的孩子很少体验到平静感与安定感，以及这些感觉给自己带来的享受。但这种感觉可以通过游戏训练让孩子获得并体验。

“我很安静”这个游戏其实就是静坐。在信息社会中，几乎没有人能离开各种科技产品。很多孩子在电视机前一坐就是几个小时，这对他们的身体和心理百害而无一利，而且过多的图像也会对孩子的注意力构成干扰。因此，心理学家建议家长每天抽出 5 分钟的时间和孩子一起静坐，体验安静带来的快乐和喜悦。静坐可以游戏的方式进行，这种方式目前在欧美家庭中十分流行。对于多动的孩子来说，长期坚持做这种游戏，十分有益处。

接下来我们看看游戏的具体过程。

我很安静

全家人围坐在一起，由一名家长主持。充当主持人的家长可以按下面的方式引导孩子一同参与游戏。

我们现在练习“我很安静”的游戏。盘腿坐好，把手放在膝盖上，全身保持不动。

现在，我们来说：“我很安静。”轻轻地说三次：“我很安静，我很安静，我很安静。”呼气的时候默默地说“安静”。

好的，我们来练习。

吸气：“我”，呼气：“安静”。

再来一次，吸气：“我”，呼气：“安静”。

再来一次，吸气：“我”，呼气：“安静”。

现在，深深地吸气，慢慢地呼气，整个人会感到很舒服。接下来，保持这个状态 2 ~ 3 分钟。

你是非常安静的，你在生活和学习中也会是非常安静的孩子。

慢慢睁开眼睛，你会越来越棒。

待孩子安静下来以后，再玩“我们一起变成一座大山”的游戏。这个游戏是用“大山”的意象，使孩子进一步感受稳定与安静的感觉。全家人围坐在一起，由家长主持，游戏具体过程如下。

♥ 我们一起变成一座大山 ♥

现在，我们来练习变成一座大山。

盘腿坐好，调整好身体，双手依然放在膝盖上，坐直，后背挺直，想象自己是一座大山。

大山不发出声音也不动，大山下面连着大地，向上一直伸向蓝天。

你的腿是山脚，连接着大地，从你的腰到你的头是山峰。

现在，将手臂上举，一直伸到天空里。闭上眼睛，想象你从山顶能看到什么东西，也许你看到了太阳、飞鸟、云朵和彩虹（停顿 5 ~ 10 秒钟）。

现在，慢慢放下手臂，把双手放在膝盖上，深深地吸气，慢慢地呼气。

觉察你现在的感觉，慢慢地睁开眼睛。

看完上面介绍的呼吸放松法，以及把这种方法游戏化与专注力的培养直接结合起来，家长们应该已经跃跃欲试了吧？这项训练相当简单基础，我们不仅可以经常做，而且可以越做越好。

调节情绪对于培养孩子的专注力相当重要，平和的情绪是做事专注的基础，家长们一定要重视孩子的情绪调节。

第7节

设置注意力“警察”，恢复孩子内心秩序

- 制订计划
- 学会检查
- 监控学习
- 反思错误
- 小物件的妙用

在上节内容中，我们分享了如何帮助孩子调节情绪，接下来我们谈谈如何帮助孩子设置注意力“警察”，恢复孩子内心秩序。可能有的家长会疑惑，我们的重点明明是培养与训练孩子的专注力，和警察、秩序这些有什么关系呢？

请家长先想一下，警察在我们日常生活中扮演着什么角色呢？大家都知道警察是维护公共秩序的人，如果没有警察，这个社会就会混乱。试想一下，如果交通秩序没有交警来维持，我们的生活将会多么不便。

分心、多动、冲动的孩子最明显的特征之一是缺乏自我控制的能力。要解决这个问题，最好的方法就是在分心孩子的内心世界设置一个注意力“警察”。

心理学方面的理论指出，一个正常的人，其心理世界中一般有两个“我”，一个是正在行动中的“我”，另一个是作为观察者的“我”。这两个“我”同时存在，才能保证人的行为不偏离方向，不违反社会规范与个人价值观。

大家都知道喝醉酒的人，他们的行为毫无章法，别人也无法和他们沟通讲理，而第二天他们酒醒之后，又恢复了正常人的状态。这是因为过量的酒精使他们丧失了意识，只有正在行动中的“我”，没有了作为观察者的“我”。所以，他们说话做事完全失去了自我控制。

在本文中，我们把作为观察者的“我”，称为内心世界的“警察”。分心的孩子做事情不受自己控制，想到什么做什么，最根本的原因就是内心世界缺乏一个注意力“警察”。

所以，我们要帮助孩子打造内心世界的注意力“警察”，把许多事情“管”起来。这个内心注意力“警察”的日常任务应该包括四项：计划、检查、监控、反思。

接下来，我们逐一讲解这四项任务。

内心“警察”的第一项任务——计划

俗话说：“凡事预则立，不预则废。”家长和孩子一起制订计划，依据计划行事，是训练孩子专注力的一种方式。比如，外出旅游是孩子向往的事情，可以提前要求孩子制订出游计划，这样能够提高孩子的参与热情和解决问题的能力。假期作业，先做什么，后做什么，也可以制订一个计划。有了计划，孩子就有了行动的条理性和逻辑性，不会临时抱佛脚或是忘东忘西、丢三落四。

内心“警察”的第二项任务——检查

在学习和生活中，我们都需要引导孩子做检查，无论是做事还是写作业，每一个步骤完成之后都应该对该步骤进行检查，检查这一步是否合理、正确。比如，孩子在考试中丢分，一般有两种情况。

情况 1

不会做

即孩子不具备解决这个问题的知识与能力。这种丢分固然不是好事，但不可惜，因为他压根就不懂不会。

情况 2

会做但做错了

这种情况容易出现在重大考试中，这种丢分能直接影响孩子的前途。据统计，在江苏省高考中，中等成绩的学生，每差 1 分全省排名相差 2000 名。

为什么孩子明明会做却做错了呢？这与他们检查的能力直接相关。检查可以避免错误的发生，对于考试来说，可以少丢分甚至不丢分。

小课堂

检查也是培养与提升孩子专注力的重要手段。

当检查成为孩子的一种习惯、一种自觉应用的方法时，其专注力也会得到显著的提高。

内心“警察”的第三项任务——监控

每个人看书的时候都有过这样的体验，看着看着就突然走神了，想到别的事情上去了；听课时候也会有类似的情况，听着听着就分心了，接下来就完全没意识到老师讲了什么。

如果有一个内心“警察”在实施监控，走神的你就能快速恢复警觉，“咦，我怎么走神了，赶紧回去。”让思绪迅速回到应该专注的对象上，继续从事当前应该从事的工作或学习。

内心“警察”的第四项任务——反思

反思是进步的阶梯，不经过反思的学习只能达到熟练的程度，很难进一步提高。

中央电视台曾采访一位高考状元学习的诀窍，她说：“我真算不上高智商，也没有什么独门秘诀。要说经验只有一条，从小学开始我就有一本错题集，上面是所有我做错的题目。我经常会翻看这本错题集，反思自己为什么做错，保证后面再遇到同样或类似的题目不会再犯同样的错误。”从高考状元的回答中，我们可以感受到反思的力量。

小课堂

如果孩子能够做到以上四点，在学习过程中能够提前计划、检查进度、监控学习状态、反思问题并总结经验，那么他们在学习生活中的分心现象就会大为减少，学习成绩也会逐步提升。

设置内心“警察”，小物件有妙用

既然内心“警察”的作用这么大，我们如何帮助孩子设置这个内心世界的注意力“警察”，提升孩子的专注力呢？

有一个简单的方法，家长可以买几个黑猫警长一类的“大头贴”，贴在孩子的课本上，并和孩子约定上课听讲、写作业的时候，只要一看到黑猫警长，就必须马上集中注意力。

还可以让孩子在手腕上套一根橡皮筋，一旦发现自己听课走神了、分心了，就用力拉几下橡皮筋，当橡皮筋反弹到孩子的手臂上，小小的疼痛感也能提醒孩子集中注意力，认真听课。我们来看一个具体的案例。

YES 场景

老师们也向小言的家长反映，小言在这一个月里耐得住性子听课，很少走神，学习也有了很大的进步。看到这里你是不是觉得内心“警察”的设立很神奇？

了解了内心“警察”的强大作用以后，你是否也希望孩子有良好的内心秩序呢？记得要及时用上面的小方法帮助孩子设置内心“警察”，而且要多加练习才能起到良好的训练效果。

第 8 节

如何在阅读中训练专注力？

- 亲子阅读
- 开读书会
- 写读书笔记
- 不断表扬

在前文中，家长已经了解了如何通过解决孩子分心、冲动和多动的问题培养孩子的专注力。

除此之外，家长们还能在其他方面训练孩子的专注力，阅读和书写就是两种很好的培养专注力的方式。

接下来，我们将介绍如何通过阅读培养孩子的专注力。

有的家长会说，让孩子阅读太难了，孩子根本坐不住，这是因为阅读需要字形和字音的转录与解码，这对于孩子来说是一个非常枯燥的任务，所以就需要家长帮助孩子建立对阅读的兴趣，同时，要增加亲子共读的机会，通过引导和提问等互动，加强孩子的阅读训练。

在这里，我们提供给家长四个有效的方法，可以让孩子在阅读中逐步提升专注力水平。

带孩子做亲子阅读

亲子阅读不仅能够培养孩子的阅读兴趣，还能增进亲子间的感情。亲子阅读的书籍，要根据孩子的年龄增长而不断变化。

> 阅读和专注是相辅相成的，全神贯注能够提升阅读效率，而阅读也可以反过来提升注意力的集中程度。

孩子一岁半之前，亲子阅读实际就是陪孩子玩，只不过是让孩子玩书。家长可选择布书、洞洞书、游戏书等，让孩子自由地翻、抠、咬、撕。只要让孩子感觉到书是生活的一部分，玩书也很快乐就够了。孩子上幼儿园之前可以看一些适龄的图画书，比如市面上最常见的绘本。

如何带孩子读绘本呢？

家长可以用手指着字，慢慢地读给孩子听。比如阅读《好饿的毛毛虫》时，先让孩子复述书名，然后让孩子猜猜这本绘本是讲什么故事的，这样孩子在跟读绘本时，就会有意识地验证书中的内容是否和自己的猜想一致。

家长先带孩子慢慢地通读一遍，了解绘本的大致内容，中途如果孩子要求停顿一下，说明孩子很专注，可能有疑问了，此时，家长可以跟着孩子的节奏，停下来跟孩子讲，并注意观察孩子的表情，看他是不是听懂了。

第一遍通读完后，家长可以夸夸孩子："跟宝贝猜想的一模一样"，这样孩子就会有兴趣再读第二遍、第三遍，此时家长也要有耐心，孩子小时候就是通过重复进行记忆。

再次带孩子读绘本时要更慢，可以问问孩子每张图片的细节，比如，毛毛虫现在吃什么呀？毛毛虫变成什么了呀？让孩子专注地慢慢看，让他感受到读书很快乐，从而激发孩子天天阅读的兴趣。

家长可以每晚给孩子读一读绘本，具体书目让孩子自由选择，让孩子觉得亲子阅读是一天中最有意思的时光。只要孩子爱听，家长就多陪他读，想听哪里就读哪里，不必在意孩子听懂了多少，记住了多少。如果孩子常常反复听某个故事或者某一段，这正是他非常专注的表现。

小课堂

家长想要通过阅读训练孩子的注意力，首先要学会观察孩子在阅读时的表现。比如，孩子在阅读文字内容时注意力是怎样的？孩子在阅读图画图形时注意力又是怎样的？这样才能更有针对性地训练。

当然，阅读也需要良好的氛围，如果一个家庭里的阅读氛围相当浓厚，那么孩子便很容易爱上阅读。

我们想象一下，当家里书籍随处可见，家长闲暇之余也热爱阅读，孩子在家受到家长与环境的熏陶，自然而然就会爱上读书。这是一种“润物细无声”的境界，当孩子跟父母交流读书心得时，感受到读书带来的乐趣和自我的提升，就会更加热爱阅读。

反之，如果家长在家只喜欢刷手机、玩游戏、追剧，却逼迫孩子“看书去”，孩子拗不过家长，手里捧本书假装在看，其实根本没看进去，心里甚至会想：“凭什么我不能玩游戏？”

为了孩子的成长，家长一定要放下手机，带领孩子一起阅读。

开展读书会，让孩子读书给家人听

等孩子上小学以后，家长除了每晚给孩子读一读绘本，还需要新增一些稍微有难度的儿童图书，比如《父与子》系列、《迪士尼》系列图书等，带着孩子一起读。

在孩子年龄稍微大一点以后，便可以逐渐让孩子读书给全家人听。孩子通常喜欢幽默的书，读起来会更有乐趣，这是非常好的现象，不仅说明孩子读书很专注，也说明读书让他感到快乐，正所谓“好之者不如乐之者”。在孩子朗读时，家长要认真听孩子读，待孩子读完后及时表扬。

让孩子爱上阅读，他才能在读书的过程中更加专注。

写读书笔记

当孩子养成阅读习惯以后，每晚都会阅读，这时就可以引导孩子写读书笔记，进行专注力强化训练。

可以选择一些适合孩子精读的书，如《小飞侠彼得·潘》《安徒生童话》《绿野仙踪》《八十天环游地球》等，让孩子每晚写一页读书笔记，内容包括书名和章节、好词好句、精彩段落、我的感受、家长签名五个部分。孩子在阅读开始前，就提前把纸、笔都准备好，边读边记，每晚完成一页读书笔记。家长可以把孩子所有的读书笔记保存下来，装订成册，积累到一定的篇数，就奖励孩子。

表扬表扬再表扬

家长要养成随时鼓励孩子的好习惯。孩子在认真看书的时候，家长可以及时表扬一句或是微笑着给他竖个大拇指。孩子给家人大声朗读他喜欢的书时，家人要认真听，并及时鼓励、表扬孩子。

家长一定要多表扬孩子，鼓励孩子把记读书笔记的好习惯坚持下去，只有坚持才能取得成效。随意批评孩子只会打击孩子的自信心和积极性，一旦孩子失去对读书的热情，即便他捧着书，也很难认真阅读。

NO 场景

YES 场景

家长通过阅读培养孩子的专注力，先要营造良好的家庭氛围带领孩子做亲子阅读。在孩子上学后，再引导他写读书笔记。最后要学会适当鼓励和夸奖孩子，如此循序渐进，才能在阅读中训练出孩子的专注力。

第 9 节

如何在书写中训练专注力？

- 书写的注意事项
- 正确的书写姿势
- 合适的临摹字帖
- 积极表扬进步

上一节我们讲了如何在阅读中训练孩子的专注力，接下来我们谈谈如何通过书写来训练孩子的专注力。

众所周知，书写非常的重要。在现在的小升初考试，乃至中考和高考中，因为书写潦草、字迹不清而丢分的情况比比皆是，十分可惜。其实这与孩子的专注力缺失息息相关，因为涂答题卡时，如果注意力不集中就容易涂歪、出格，导致机器判错；而字迹潦草，由于阅卷老师难以辨识，也可能判错。

书写和专注力是相辅相成的。专注力好的孩子，书写更工整；专注力差的孩子，常常字迹潦草，甚至乱涂乱画。书写训练不仅能使孩子的字更漂亮，书写更整洁，还能有效提升孩子的专注力。

大量实践表明，书写对于训练专注力十分有效。因此，建议家长帮助孩子养成书写练字的好习惯。孩子从上小学一年级起，就可以开始进行书写训练。接下来我们看看具体怎么做。

书写注意事项

家长可以每天选择固定的时间段，比如傍晚，让孩子进行 10 分钟的书写练习。

在开始书写前，家长要给孩子营造一个安静舒适的练习氛围。书写练习需要保持专注，因此当孩子在练习时，家长尽量不要去打扰他们。

书写练习注意事项

1 准备好书桌、纸笔、字帖等。

2 在书写前，要把桌面收拾干净，把玩具、水果等无关的物品收拾好，把书籍整理好，桌面上只保留字帖、铅笔、书写本，光线要明亮但不刺眼。

3 选用 HB 型的木质铅笔，这种笔软硬、浓淡适中，写出来的字有粗细变化，比较美观。

4 书写本可以选择专用的临摹本，也可以是普通的方格本。

书写姿势要正确

书写时坐姿不正确，不仅身体不舒服，难以写出好字，还易造成近视，甚至可能引起脊柱弯曲。书桌的高度以孩子自然坐定后，眼离纸面约一尺（约 33.3 厘米）距离为佳。书写时要保持正确的坐姿：头正、身直、臂开、脚平。

头正：孩子在桌前坐下后，应该做到头部端正，自然前倾，眼睛离桌面约一尺（约 33.3 厘米）的距离。

身直：身体坐稳，双肩放平，上身保持正直，略微向前倾，胸离桌子一拳，全身放松。

臂开：双臂分开，保持一定的距离，自然下垂。左手按纸，右手握笔。

脚平：两脚放平，左右分开，自然着地。

书写时执笔方法要正确。孩子执笔错误，不仅写字费劲，写出来的字也不美观，还可能造成手指变形。

正确的执笔方法是“三指执笔法”，具体要求如下。

右手执笔，大拇指、食指、中指分别从三个方向捏住笔杆下端，离笔尖 3 厘米左右。食指稍前，大拇指稍后，中指在内侧抵住笔杆，无名指和小指依次自然地放在中指的下方并向手心弯曲。笔杆上端斜靠在食指的最高骨处。执笔要做到“指实掌虚”，手指握笔要实，掌心要空，这样才能灵活运笔。

书写姿势口诀

头正身直脚平，手离笔尖一寸，

眼离纸面一尺，胸离桌边一拳。

书写标准姿势参考图

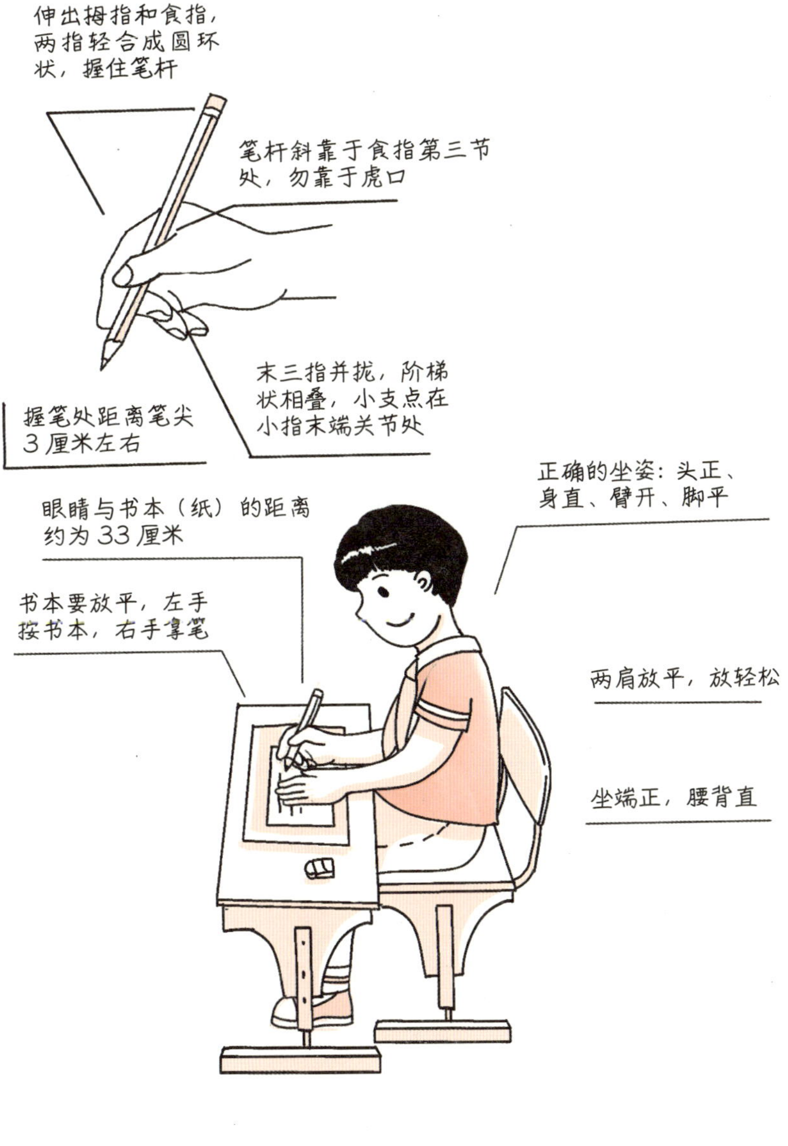
伸出拇指和食指，两指轻合成圆环状，握住笔杆
笔杆斜靠于食指第三节处，勿靠于虎口
末三指并拢，阶梯状相叠，小支点在小指末端关节处
握笔处距离笔尖3厘米左右
眼睛与书本（纸）的距离约为33厘米
正确的坐姿：头正、身直、臂开、脚平
书本要放平，左手按书本，右手拿笔
两肩放平，放轻松
坐端正，腰背直

临摹字帖要合适

字帖要选择适合孩子年龄段与书写水平的。孩子刚开始进行书写练习的时候，可以选简单的字帖，方便孩子入门。等孩子有了一定基础之后，可以临摹古诗词的字帖。市面上有很多适合孩子学习临摹的描红本、凹槽字帖等，通过一笔一画的临摹，孩子能够逐步了解字的笔画顺序，掌握点、横、竖、撇、捺的基本写法。关键是孩子专心临摹，从一开始就能把字写正确，以后便不会出现这里少个点，那里少一横的错误。

每过半年，就可以给孩子更换难度更高的字帖，如果孩子一直练习，到四五年级时，可以给孩子换行楷字帖了。

小课堂

临帖需要坚持。在孩子进行书写练习的过程中，家长要多鼓励孩子，让孩子坚持下去。

表扬孩子的进步

孩子刚开始进行书写练习时，会写得特别慢，每天 20 分钟，写不了几个字。这是正常现象，家长要对孩子有耐心，不要催促孩子，让他们慢慢写。

家长要郑重其事地把孩子每天的临摹练习都保留下来，每个月和上个月的练习做对比，不要指出哪儿不好，而要夸孩子哪儿又进步了。

家长可以这样做

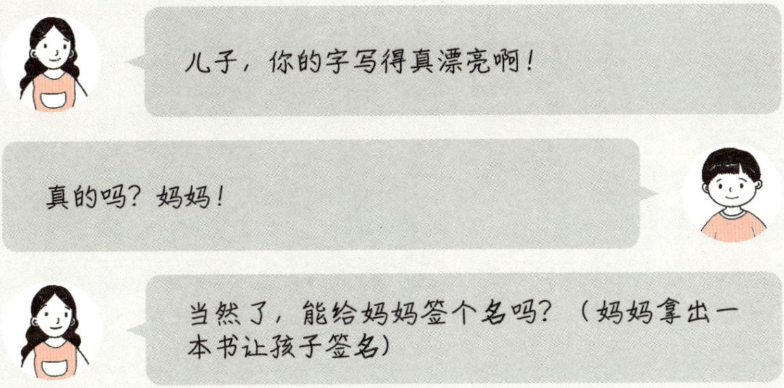

家长的肯定会让孩子觉得自己真的进步很大，他就会更有自信，也更愿意坚持练习。

等孩子上三四年级时，可以把每天书写练习的时间延长到半小时。当孩子可以把常见字都写得很工整，整体版面也能上下呼应、错落有致的时候，家长可以帮孩子报名参加一些书法比赛，深入学习，同时也能让孩子结识到更多有相同爱好的朋友，互相交流。

如果孩子在书法方面有天赋，家长还可以给他请老师，学习毛笔书法，进一步提升能力，这对孩子今后的发展将大有裨益。

这一节我们了解了如何通过书写来培养孩子的专注力。书写前我们要做好相应的准备，孩子在书写过程中要保持正确的姿势，合适的临摹字帖能让孩子的书写更整洁美观，在孩子练习的过程中，家长要不断鼓励孩子，让孩子有坚持练习的动力。如果家长有让孩子开始书写练习的计划，运用本文介绍的方法，一定会事半功倍。

大家一起来！

专注力小游戏

剪虚线图

▶ 从网上下载用虚线画成的图片，让孩子用剪刀沿着虚线把图片完整地剪下来，家长在一旁计时。

▶ 这个游戏能锻炼孩子的专注力、手眼协调能力以及精细动作的能力，游戏可以从易到难，以增加孩子参与的兴趣。

Chapter 3

做好时间管理，让专注成为本能

小测试

>>> The Test

科学制订儿童时间管理方案，先看看孩子是哪种性格？

答题时，家长需要特别注意，不要加入自己的主观意愿，选择孩子最自然、最真实的反应，而不是思考“最好的”“最适合的”或者“最应该的”。换句话讲，家长回答的问题是“孩子本来是什么样的”，而不是“孩子应该是什么样的”或“我想让孩子是什么样的”。

>>> 测试说明

做完所有题目后，数一下 **A、B、C、D** 四个选项分别有多少个，选择次数最多的选项对应的性格就代表了孩子的主要性格特点。

1. 孩子平时的表现（　　）

A. 喜欢表现自己，喜欢凑热闹，特别爱开玩笑。

B. 喜欢安静、独处，不愿意凑热闹。

C. 对环境的掌控力比较强，能够迅速适应环境，并主导周围的人。

D. 比较安静、随和，不愿意与人发生冲突，人际关系很好，不喜欢显露自己。

2. 孩子给人的印象（　　）

A. 乐观，喜欢开玩笑，善于表达，热情洋溢。

B. 说话严谨，做事考虑周到，不会莽撞而为。

C. 行动迅速，目标明确，不达目的誓不罢休。

D. 做事节奏慢，心态平和，不给自己施加压力。

小测试

>>> The Test

3. 孩子在表现自我方面的反应（　　）

A. 喜欢表现自己，追求别人的赞美与认可，在意别人对自己的评价。

B. 默默地做好自己的事，不喜欢张扬。

C. 有目的地展现自己，充满自信，轻易不认错、不服输。

D. 做事需要较大的推动力或者环境所迫，不会主动表现自己。

4. 对于承诺（　　）

A. 乐于承诺，但是说过就忘。

B. 注重承诺，说到做到，反感别人不兑现承诺。

C. 有选择地兑现承诺，该记住的记住，不该记得的就忘掉，完全由自己掌控。

D. 除非被逼无奈，否则很少做出承诺，不愿意承担责任和风险。

5. 孩子在面对任务的时候（　　）

A. 经常拖到最后一刻才完成。

B. 计划性极强，每件事都按照计划一步步完成。

C. 一拿到任务，只要认为值得做，第一时间就完成，行动果断迅速。

D. 善于从容面对压力，不急不慢，很少出现焦急、烦躁的情绪。

6. 孩子在做事的时候（　　）

A. 喜欢同时做几件事，容易被干扰诱惑，偏离主题。

B. 专心致志做一件事，有始有终。

C. 一旦开始做事，非常专注，讨厌别人打扰。

D. 从众心理较强，喜欢大家一起做，不愿意单独承担任务。

小测试

>>> The Test

7. 如果受到老师的批评（　　）

A. 很容易认错和道歉，但重复错误的概率较高。

B. 情绪会受到较大影响，内心容易受到伤害。

C. 轻易不会认错，抗争到底。

D. 害怕被批评，马上妥协退让。

8. 在面对陌生人时（　　）

A. 喜欢主动与人搭话，很快就熟悉起来。

B. 小心翼翼，不会轻易靠近，警惕性强。

C. 视情况而定，该亲近的亲近，该远离的远离，有自己的明确判断。

D. 能躲就躲，跟自己没有关系。

9. 和同学的关系（　　）

A. 害怕独处，喜欢交际，人缘好，朋友多，主动与同学交朋友。

B. 喜欢独处，朋友不多，但是对朋友非常用心、忠诚。

C. 掌控欲强，不愿意听从别人的指挥，喜欢自己主导。

D. 为人随和，愿意配合别人，非常忍让。

10. 对于家长和老师的教导（　　）

A. 答应得快，但是转眼就忘，落实较为困难。

B. 只要答应的事，一定严格执行，极少出差错。

C. 有条件地答应，不会轻易妥协，答应的就会很快做。

D. 极少反抗，态度平和，但是行动缓慢，见效很慢。

小测试

>>> The Test

测试结果与分析

选项	A 项选择最多	B 项选择最多	C 项选择最多	D 项选择最多
对应类型	孔雀型	猫头鹰型	老虎型	绵羊型

孔雀型性格的影响

孔雀型性格的孩子在做事情的时候，通常会出现两方面的问题：一方面是对自己的能力没有客观的认识；另一方面是自我约束能力太差，对自己几乎没有要求。

所以，造成孔雀型性格孩子磨蹭问题的主要原因是对自己没有要求，缺乏自控能力。

猫头鹰型性格的影响

猫头鹰型性格的孩子是四种性格中对自我期待最高的，而且对自我的期待往往高于自身真实的实力。这样一来，猫头鹰型性格的孩子做任何事都会面临巨大的心理压力，怕做不好，怕失败，怕不能获得最好的成绩，这种“惧怕”心理容易导致拖延。

小测试

>>> The Test

所以，造成猫头鹰型性格孩子磨蹭问题的主要原因是“惧怕失败”的心理压力。

老虎型性格的影响

老虎型性格的孩子是四种性格中自我意识最强的，这种性格的孩子从小就有自己的想法，有主见。老虎型性格的孩子比较强势，喜欢自己掌控局面，如果在做事情的时候失去了控制权，而且自己的想法和意见不被接受和理解，那么就会故意不配合，消极对抗，最终导致事情拖延。

所以，造成老虎型性格孩子磨蹭问题的主要原因是自己对事情失去控制权。

绵羊型性格的影响

绵羊型性格的孩子是四种性格中最缺乏自我意识的。缺乏自我意识也可以理解为没有自己的想法和主见，做事情经常处在一种被动的状态。

所以，造成绵羊型性格孩子磨蹭问题的主要原因是缺乏自我意识。

第 1 节

时间管理训练第一步，让孩子拥有时间感

- 非暴力家庭沟通
- 时间长度训练

在前文中，我们了解了如何科学有效地改善孩子的专注力问题。本章我们将重点讨论如何通过时间管理，进一步提升孩子的专注力。

说起时间管理，相信对于各位家长来讲，最痛苦的一点就是孩子不能按照约定的时间做事。

例如：孩子不能在预定好的时间点起床；孩子不能在规定的时间点吃完早餐；孩子不能按照约定的时间放下手中的游戏去学习。

在下文中，我们将向家长介绍“非暴力家庭沟通”和“时间长度训练”两种方法，帮助孩子迅速建立时间感。

这种到了某一时间点就该做某事的行为，通常跟孩子的时间感直接有关。

而孩子的时间感，与孩子的专注力密切相关。

要想通过训练孩子时间管理，提升孩子专注力，培养孩子的时间感是第一步。

非暴力家庭沟通

多多是一个三年级的小男孩，胖胖的很可爱，但总是不守时，不按计划行事。

家长给多多规定，晚饭后休息一会儿，七点必须开始写作业。但多多就是不肯动身，爸爸迫不得已把多多从沙发上赶走，多多还依依不舍地一步三回头地看了看电视。

早晨上学时，任凭爸妈怎么催促，多多就是不慌不忙地吃早饭，因此总是迟到。

后来，为了上学不迟到，迫不得已妈妈只能带着多多在公交车上解决早餐问题。

多多为什么这么懒散磨蹭呢？

原来，多多的爸爸也比较懒，平时爸爸一到家就躺在沙发上看电视或者在书房玩电脑。多多对此总是感到不满，为什么爸爸可以享有娱乐的特权，而自己回到家里就只能埋头学习。多多的妈妈也不是很有规则感，各种破坏规则的行为一直没有停歇过，比如明明说好多多吃饭可以稍微慢点，妈妈不会再反复催促，但妈妈总是忍不住不停地催促多多。

小课堂

孩子就是家庭的一面镜子，孩子的行为直接反映家长的行为。可大多数家庭中“生病”的是家长，“吃药”的却总是孩子。这就是很多家长使用各种家庭教育方法，但总是不见效的根本原因。

其实像多多这类不能遵守时间的孩子，他的家庭也往往存在规则感不强的问题。如何制定家庭规则呢？

最好的方式就是开家庭会议，规定各个家庭成员的责任和义务。

很多家长可能会说，我们也开过家庭会议，但效果不明显。这可能是因为大家把家庭会议开走样了。我们先来看看一位在企业当高管的妈妈遇到的家庭教育问题。

这位妈妈原本的家庭会议计划是在会议中给每个人制定一个任务。

>>>

爸爸要改掉懒惰的习惯，不能一回到家就看电视、玩手机，要看书，给孩子树立榜样。

孩子也一样，不能每天睡懒觉，到点必须起床，否则要接受惩罚。

外婆也不能太溺爱孩子，孩子想吃什么就给什么，孩子体重都超标了。

大家有没有发现，如果按照这样的思路开家庭会议，更像是开“批斗大会”。

现在我们针对这位家长想要解决的问题，重新制订一个会议计划，这也是我们教育学上“非暴力家庭沟通”的一个训练，具体步骤如下。

1. 准备好若干个罐子或者纸箱

罐子或者纸箱的数目跟家庭成员数目一致，例如，一家三口就准备三个罐子。罐子或纸箱不用太大，类似于存钱罐大小即可，最好是每个家庭成员根据自己的喜好，各自准备自己的罐子或者纸箱。

2. 准备白纸，写下缺点和建议

拿出一张白纸，写下你认为其他家庭成员近期需要改正的缺点，并提出相应的改进建议，但是每个人的缺点不能超过 3 条。

妈妈给爸爸的建议

脾气不好

建议不要随意对孩子发脾气；

生活习惯不好

建议不要当着孩子的面抽烟；

陪孩子的时间太少

建议每天陪伴孩子 20 分钟。

妈妈给孩子的建议

喜欢赖床

建议每天自己定闹钟起床；

做事情拖拉

建议回家及时完成作业；

不爱劳动

建议每天自己整理房间。

然后把对每个家庭成员的建议，分别放在每个家庭成员自己的罐子里。

3. 将采纳的建议制成标签

罐子的所有者从罐子中随机抽取一张纸条，并且朗读出别人写下的自己的缺点和对应的建议，随后发表自己的感想，考虑是否接纳。如果接纳则把这个纸条贴在罐子上，作为个人标签，同时把罐子放在家中最醒目的位置，以提醒自己这是在接下来的 21 天里要改进的事项。

4. 制作 21 天签到表格

制作好 21 天改进计划签到表格，如果当天没有出现标签上写明的缺点或行为，就在表格上签到。如果 21 天一直坚持，那么 21 天之后就可以撕掉罐体上的标签。如果没有改进就要接受对应的惩罚，例如：做家务、罚款，等等。

用这种形式开家庭会议，有什么好处呢？

1

▶ 去焦虑化

有的家长习惯用消极的眼光看待别人，觉得别人身上满是缺点，三条建议的限制可以有效遏制焦虑心理。

2

▶ 去标签化

每个家庭成员在家中其实早已被贴了标签，撕标签的过程其实是一个重要的去标签化的暗示。

3

▶ 民主化

每个家庭成员都有选择权与被选择权；每个家庭成员不只是教导者，也是被教导者。

这样开展家庭会议有利于会议后任务的执行，大家互相监督各司其职。

4

▶ 反馈及时

21 天的持续记录需要不停地给予奖励和反馈。每天打钩签到可以让家庭成员直观地看到完成任务的进度。

时间长度训练

介绍完家庭教育方法，下面再从心理学方面给各位家长介绍专门训练孩子时间预估和感知能力的时间长度训练法。

首先，我们来看看时间长度训练的步骤。

时间长度训练

❶准备两张 A4 纸，一支笔，一条 10 厘米长的绳子，一根橡皮筋。

❷让孩子展开白纸，将绳子放置在白纸上，拉直绳子，根据绳子的长度画一条和绳子等长的线。

❸让孩子观察这条线，询问孩子如果这条线代表一段时间，那它能代表多长时间。孩子回答的这个时间就是孩子的“原始时间长度”。

❹随后让孩子把这个线条平均分成若干段，同时询问孩子每一段代表多长时间。

❺在另一张 A4 纸上再按照步骤 2 中的绳子画一个等长的线条，然后把这个线条不平均地划分成若干段，并且询问孩子，每一段分别代表多长时间。

❻让孩子分别找出代表最短时间的线段和最长时间的线段，这两段的时间差值就是孩子的弹性时间。

❼让孩子拿出橡皮筋，吸气时拉伸橡皮筋，呼气时收缩橡皮筋，进行 9 次深呼吸。告诉孩子皮筋拉伸的长短跟刚才探索的弹性时间有关。时间差越大，皮筋拉伸得就越大；时间差越小，皮筋拉伸得就越短。

接下来，我们来解释一下这个训练。都说时间是看不见、摸不着的东西，这个训练就是把时间长度可视化，让孩子直观地看到时间有多长。孩子感知到的时间长度就是他的原始时间。

> 孩子认为某个长度代表 15 分钟，而在我们大人看来这个长度代表 10 分钟，可见对孩子来说，我们的 10 分钟就像他的 15 分钟一样长。

这样家长就能够理解孩子在时间感知上的偏差，再给孩子制订时间计划时就可以按照他的时间感来制订。当然，我们不能让孩子的时间感一直错乱下去。训练中第四至第七步中讲到了时间弹性，最短和最长线段的时间差就是孩子的弹性时间，即孩子因为时间感知问题浪费掉的时间。

通过弹性时间的锻炼，结合深呼吸的练习，来提升孩子对时间预估的准确度，从而缩短孩子对时间感知的误差。

小课堂

时间长度训练需要家长带领孩子至少做 8 次，每周做 2 次。随着训练的深入，渐渐地孩子的时间感知准确度就会提升上来。

这一节，我们从教育学的角度提供了非暴力家庭沟通训练的方法，又从心理学角度提供了时间长度训练的方法，家长如果积极实施，一定会发现孩子的时间感在稳步提升，专注力也会有所改善。

第 2 节

大富翁任务法，让孩子主动学习

- 大富翁任务法
- 时间动力训练

缺乏自主学习能力常见于成绩中游的孩子，他们普遍学习不够主动，缺乏学习动力，经常要家长催促、监督才肯提笔写作业，在很多家长看来这类孩子就是态度不端正、欠收拾，但事实果真如此吗？

接下来我们就讲一讲，如何才能让孩子主动学习，不拖延。

NO 场景

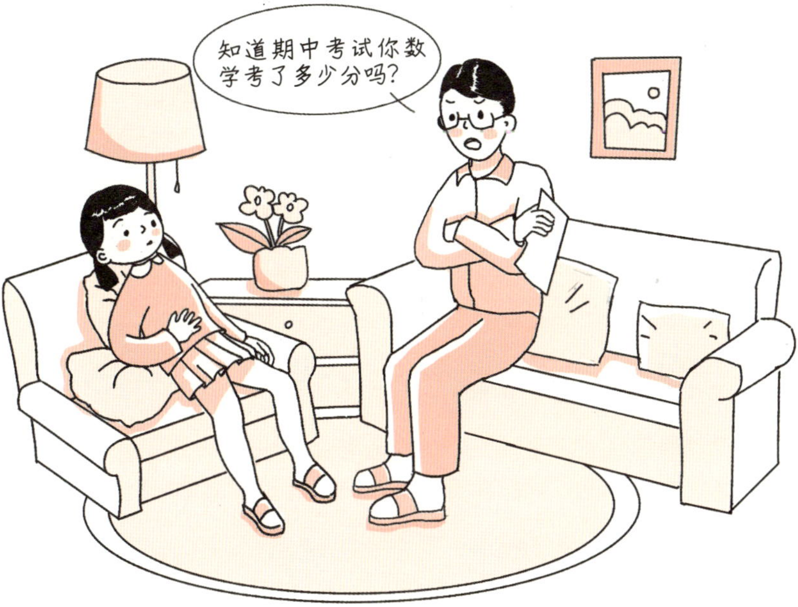

这确实是一个让人哭笑不得的画面，孩子十分慵懒，对学习一点兴趣和动力都没有。没有家长在一旁监督，孩子就不会主动写作业，只要离开了家长的监督，孩子就成了一个没有动力的懒人。

这里面的原因其实很多，有主观原因、客观原因、家长的原因、孩子的原因，等等。因此，解决问题的方法也有很多，接下来，我们就来看看非常有效的“大富翁任务法”和“时间动力训练”。

大富翁任务法

为了提升孩子的学习效率，很多家长应该都用过类似于“任务计划表”的工具。工具是好工具，但最后的成效怎么样呢？应该不太理想，为什么呢？

因为这些表格太无趣了。

现在的孩子每天接触的都是手机、平板电脑，里面有各种好玩的应用程序，颜色也鲜艳丰富，孩子看惯了这种视觉效果，突然让他去填一个黑白的表格，他想不反感都难。怎样才能把这些表格利用起来呢？

大家还记得“大富翁”游戏吗？游戏中有很多连在一起的方格，我们走到了某个方格，就会接受相应的奖励或者惩罚。家长也可以依葫芦画瓢，比如：

1. 今天孩子有 4 项作业，我们就可以用 4 种不同颜色的笔，画出 4 个“任务方格”，每隔 2 个方格加一个专门的“奖励格”。
2. 在每个任务方格内注明任务名称、任务内容、规划时长，如数学小册，56 ～ 58 页，15 分钟完成。
3. 在任务方格上方写明实际用时。
4. 在奖励方格内写明奖励内容，例如：玩耍 10 分钟。
5. 家长要跟孩子说明规则，奖励方格前面的任务方格一定要按照计划完成，如果其中任意一项任务超出计划用时就无法获得奖励，需要跨过奖励方格进入下一个任务方格。如果奖励方格前面的任务方格全都按照计划完成了，就可以享受奖励。

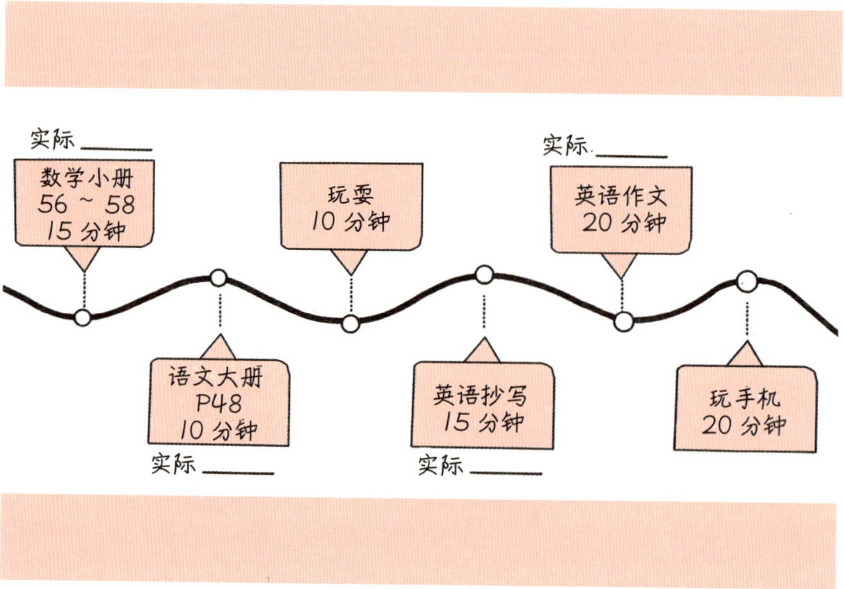

这种方法的优点有三个。

优点 1

趣味化

不同的颜色、形状组成的方格非常有趣，可以充分吸引孩子的注意力，让孩子更有兴趣完成任务。

优点 2

目标可视化

类似代币法的奖励方式，很容易让孩子忘记目标。

但是这种奖励方格形式就像打游戏有经验条一样，孩子可以看到自己在一步步地接近目标。

优点 3

强化学习动力

奖励方格内的任务是孩子自己提出来的，能够激发孩子的内驱力，且在执行学习任务时可以直接地看到自己即将获得的奖励，从而可以不断地强化学习的动力。

将形式枯燥的训练游戏化、有趣化，能够有效激起孩子的参与热情，从而促进孩子主动学习，改变被动懒散的状态。

时间动力训练

接下来我们看看另 种方法——时间动力训练，做法如下。

时间动力训练

1. 家长准备好一个橙色瓶盖，并告诉孩子这是时间开关，询问孩子想将它放在身体哪个部位。

2.告诉孩子当打开这个开关后，就会有一双神奇的眼睛可以清楚地看到时间在流逝。

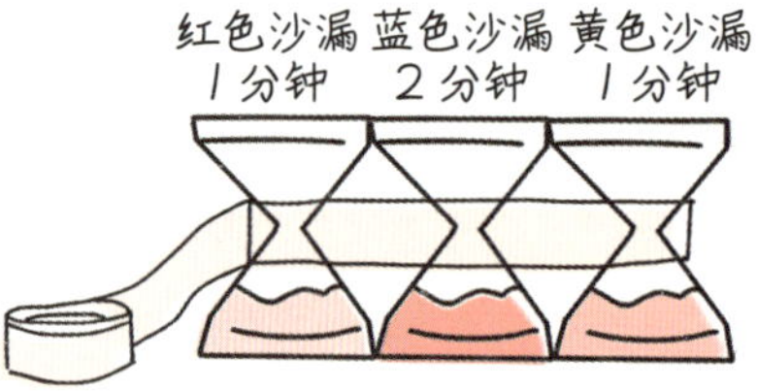

3.准备黄色1分钟沙漏、红色1分钟沙漏、蓝色2分钟沙漏各一个，并将它们排成一排用胶带缠在一起固定好。蓝色沙漏放在中间，红色和黄色沙漏放在左右两边。

4.家长与孩子同时按压“时间开关”，让三个沙漏同时开始流动。让孩子观察其中任意一个他感兴趣的沙漏里沙子流动的形态，并且记住这个沙漏的颜色。当所有沙漏的沙子漏完后，再重新倒置全部的沙漏。这一环节总共进行6分钟，孩子要一直高度专注地观察沙漏。

5.6分钟之后，让孩子用与刚才观察的沙漏同款颜色的彩色铅笔在白纸上任意作画，可以画线条和图形，也可以画一幅有故事的画。

6. 将孩子画的这幅画保存起来，随后暗示孩子：每当你看到这种颜色或者画面的时候，你就会动力倍增，有更强的力量和动力去完成任务。

这个时间动力训练比之前的训练稍微复杂，但是寓意十分明显。

1. 为什么选择橙色瓶盖？

选择瓶盖作为时间动力的开关的原因是，瓶盖代表开启、启动，能够直接对应主动开始任务的寓意。

而选择橙色的原因是，从绘画心理学上来讲，橙色是色彩系统中最有动力的颜色，它不像红色那样容易让人过度激动，引发焦虑，也不像绿色那样让人过度平和。同时，在儿童绘画中很多人也会把皮肤涂成橙色，跟人体的肌肉和皮肤颜色相接近，因此，以橙色寓意动力开关最能激发孩子的内驱力。

2. 为什么使用三原色沙漏呢？

世界上所有的颜色都是由三原色按照一定的比例配比出来的。因此，三原色也代表所有任务规划的开始。当我们执行任务的时候，就要开启视觉、听觉、触觉、嗅觉这些不同感官，以不同的比例方式共同参与才可以完成任务。

3. 嗅觉跟执行任务有什么关系?

香味是可以激发动力的，如果想让孩子学习时保持清醒的头脑，家长可以在书房内摆放一些有柠檬香气的物品，这样可以使孩子保持思维敏捷和精神活跃，以免刚开始学习就昏昏欲睡。

4. 为什么要设置三个有时间差的沙漏?

设置三个有时间差的沙漏可以让孩子观察到快和慢的差别，只有当孩子在视觉上感受到快和慢的对比，他们才会懂得速度的可贵。就像看田径比赛，当所有运动员并排赛跑的时候，我们才能感受到不同运动员之间的速度差，否则，我们看到的只是计时器上干瘪的数字。

5. 为什么要暗示孩子?

暗示是为了让孩子记住这个能开启自己动力的画面，让孩子渐渐有能力主动开启任务执行模式。时间动力训练不是能立竿见影的方法，家长要带领孩子至少做 8 次训练才会有较为明显的效果。每周做 2 次，渐渐地孩子的时间动力就能提升上来。

对大部分专注力缺失的孩子实施这两种方法的难点在于孩子喜欢写写玩玩，但是家长只要坚持运用这些简单有效的方法，就能对孩子不良的学习习惯进行干预。

以上我们围绕“如何让孩子主动学习，不拖延”这一话题学习了两种方法——“大富翁任务法”和“时间动力训练”。家长们要记得做好记录，积极实施。

第 3 节

孩子不能按时“收工”，试试番茄计时

- 番茄计时法
- 时间宽度训练

在上一节中，我们了解了改变孩子学习拖延、不主动的时间管理方法，但在实践中我们会发现孩子开始主动学习了，却又不能按照计划完成学习任务。比如给孩子制订学习计划表，几点开始写数学，几点开始写语文，孩子总是超时才能完成，造成原本制订的时间计划表成了摆设。这种情况该如何解决呢？

我们可以从家庭教育和心理学的角度出发，通过番茄计时法和时间宽度训练两种方法解决这个难题。

小美是一名六年级的学生，她的头顶有一块斑秃。

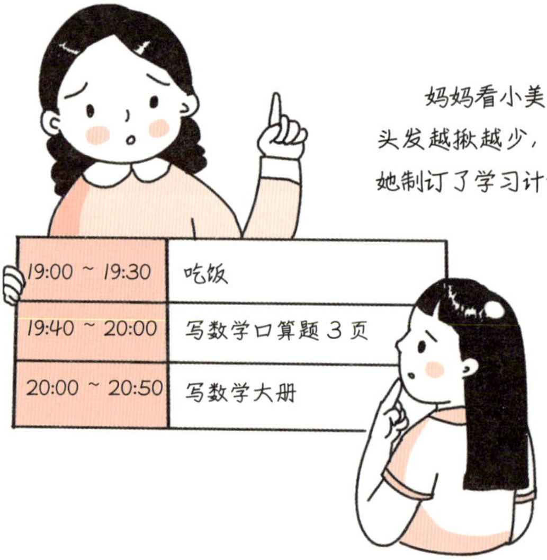

相信绝大部分家长都给孩子做过这样的时间规划表吧，效果如何呢？是不是不太理想？

家长们或许觉得很难理解，这个表格规划得挺科学，为什么孩子不能落地实施？归根结底就在于这种时间计划表是从时间角度去规划任务，而非从任务角度来规划时间。那正确的时间计划该如何制订呢？接下来我们就来看看番茄计时法。

番茄计时法

番茄计时法是由弗朗西斯科·西里洛于 1992 年创立的一种简单易行、风靡职场的时间管理方法。它更适用于对自己的行为有一定的反思能力和自控能力的孩子。

番茄计时法的科学性在于它严格遵守了专注力与学习效率的“倒 U 形曲线”关系。

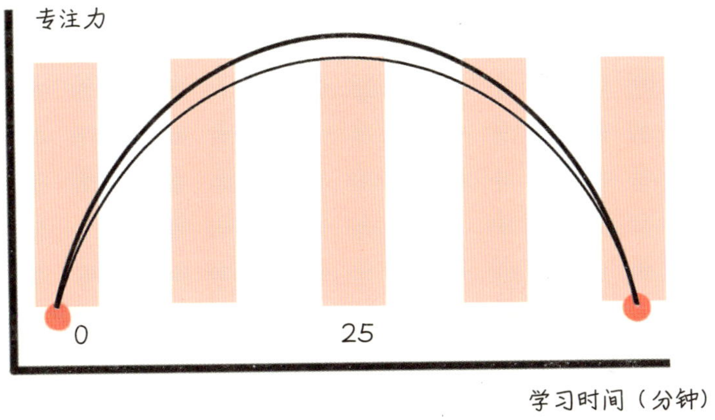

一般来说，一个人高效学习的持续时间为 25 分钟。超过这个时间段，人的专注力会下降，如果此时再强迫自己学习那也只是在熬时间，如果长时间这样强迫自己，则很容易产生学习倦怠心理，不利于专注力的发展和学习效率的提高。

番茄计时法就是围绕这一核心规律展开的一种学习时间管理方法。它的具体操作方式如下。

首先，我们让孩子将自己今天所有需要完成的任务一一列出，并且预估完成每项任务大概需要花费的时间。

然后，按照每学习 25 分钟、休息 5 分钟的规律进行任务时间段规划，将今天所要完成的任务分成若干个时间段。

最后，需要注意的是每完成 4 个时间段的任务，就要休息 30 分钟，以保证精力的恢复。这样松弛有度的任务安排能够最高效地利用孩子的专注时长，保证学习效率。

一位妈妈曾抱怨孩子不能按照计划完成作业。后来经过仔细观察，妈妈发现孩子写一项作业最多保持 15 分钟的专注力，于是她放下了原有的执念，开始按照每学习 15 分钟、休息 5 分钟的形式给孩子规划作业完成计划。渐渐地，她和孩子之间的亲子冲突少了，因为即便不催促孩子，孩子也可以认真高效地学习 15 分钟。

> 番茄计时法中的 25 分钟时间段可以根据孩子的具体能力有一个 ±10 分钟的弹性变化，以更加贴合每个孩子的实际情况，操作起来也会更加顺畅。

在使用番茄计时法的同时，家长还需要引导孩子进行自我反思，帮助孩子总结每天的学习效率，从而强化训练效果。比如，引导孩子反思跟昨天比，今天速度是提升了还是下降了，原因是什么；今天的学习中攻克了哪类难题，使用了什么方法解决这类问题；有哪些问题还没解决，明天要朝什么方向努力，等等。

时间宽度训练

什么叫时间宽度？我们在古装剧中经常看到古人这样描述时间：一炷香的时间、一盏茶的时间……古人习惯用他们最熟悉的事物去描述时间。

如果我们现在提问正在看书的家长：5 分钟时间有多长？有些家长会觉得很难描述，有些家长则可能会用一次洗漱的时间去描述这个时间。

像这种一盏茶、一炷香、一次洗漱的时间，就是时间宽度。接下来我们再来看看什么是时间宽度训练。

1. 首先，准备好两张 5 厘米 X5 厘米的白纸板、一张白纸、一把剪刀、一支笔。

2. 然后，让孩子用笔把这两张纸板临摹在白纸上，并分别说出这两个方块代表的时间和能做完的事情。

3. 接着，让孩子将两个方块裁剪下来，并且重叠在一起，观察它们的宽度。这个宽度所代表的事情就是孩子的原始时间宽度。

4. 最后，跟孩子讨论日常生活中的某件事需要几个原始时间宽度完成。

示例

原始时间宽度 = 吃饭

提问：写完一张数学试卷，需要几个吃饭的时间？

提示：家长给孩子规定任务时长时，可以用孩子的原始时间宽度同他商量。

对于大多数孩子而言，5 分钟仅仅是钟盘上指针走过的路径而已，跟他的生活没有直接关系。所以家长要求孩子 5 分钟内写完一页口算，对孩子来说就是一个枯燥的命令。但是如果孩子觉得 5 分钟对应的是他洗漱的时间，这时候家长再问孩子，咱们用一个洗漱的时间去完成这页口算题如何，孩子就能够形象地感知到时间的宽度，也能够饶有兴趣地去完成任务。

这样做的目的是让孩子能够以自己熟悉的事物去感知时间，这比枯燥的时间限定要生动有趣得多，也形象得多。就好比你跟一个乞丐说劳力士手表有多贵他不见得懂，但是你告诉他这个手表可以换来多少食物，他就能形象地感知一样。要让孩子以自己亲身经历的事件去感知时间，通过反复练习让他形成良好的时间管理习惯。

>>> 小课堂

时间宽度训练需要家长带领孩子至少做 8 次，每周做 2 次，通过反复地训练让孩子的时间感知准确度慢慢提升上来。

让孩子在规定时间内完成任务，我们可以选择番茄计时法，也可以选择时间宽度训练。家长可以根据自己的情况和孩子的喜好与习惯合理安排训练，相信付诸行动后一定会有满满的收获。

第 4 节

半夜还在写作业，任务规划有问题

- 时间象限法
- 时间浓度训练

孩子每天的学习计划除了跟时间管理有关，还跟任务管理模式有关。如果孩子在写作业前根据自身的能力、作业的轻重缓急、量多量少来进行合理安排，那他在作业的完成质量和速度上都会有一个飞跃。

很多成绩中等的孩子学习态度没有问题，但因为专注力一般，花费大量的时间埋头苦读，换来的却是平平的成绩。这就是付出的努力没有收到应有的效益，那孩子的家庭作业到底要怎样安排才最高效呢？

根据家庭教育学和心理学的研究，我们可以通过两种方法——“时间象限法”和“时间浓度训练”来解决这一难题。

时间象限法

>>>

小麦是一名正在上六年级的孩子，据他的家长反馈，小麦从小到大都很努力，做任何事都比较刻苦。

小麦看到自己英语不如他人，于是主动跟家长提出要上英语兴趣班，查漏补缺。

虽然小麦花了很多时间在学习上，成绩却起色不大。尤其是上了六年级之后，随着课业难度的增加，作业负担的加重，小麦熬夜学习的时间越来越长，每天早晨起来都可以很明显地看到他脸上的“熊猫眼”。

妈妈好几次看到小麦一边写作业，一边不停地揪头发，心疼不已，想给他送杯热牛奶补补身子，却都会被孩子愤怒地赶出来。

周围的邻居都羡慕不已，觉得小麦是一个比较省心的孩子，不用家长督促就能自己学习。但真正的痛苦只有小麦和小麦家长最清楚，那就是孩子的付出和回报不成正比。

小麦之所以会这样，其实是因为他的学习方法有问题——作业规划没有主次之分。接下来我们要讲的时间象限法就主要针对这一问题。

时间象限法是很多时间管理训练营中必上的一堂课，这本是针对精英白领制订的时间管理训练计划。白领们一天的工作精力有限，项目又多，很容易分不清主次，从而造成工作效率低下、工作延误等问题。用时间象限法可以把一天当中的工作按照重要与不重要、紧急与不紧急的形式分成四类，从而达到有规划地完成任务的目的。

时间象限法

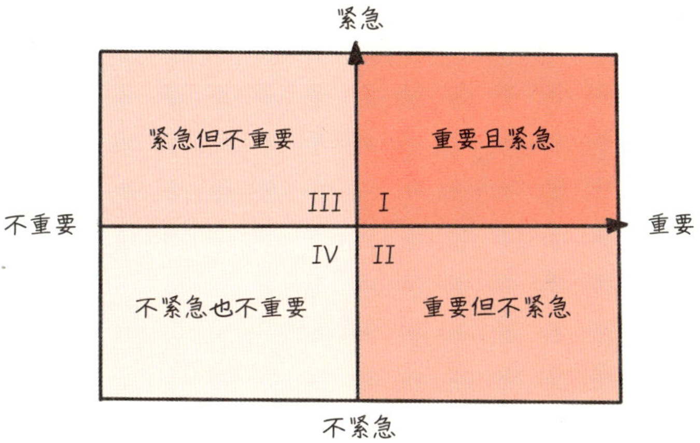

在这里，我们将根据孩子学习的特点对时间象限法进行调整，按照难、易、多、少四个维度进行划分，再结合孩子学习时的心理特点进行规划。

学习版时间象限法

1

将今天所要完成的作业一一列出。

2

每个孩子感兴趣、喜爱的科目不一样，可以让孩子结合自己的兴趣爱好将作业按难易程度、任务量的多少进行细致划分。

3

用尺子画一个大大的“十字”，形成一个四象限图，在四个区域内分别标注难且多、难且少、易且多、易且少。

4

让孩子将作业根据先前的归类划分到四个象限里。这样就形成了四类作业：

难且多的作业，

难且少的作业，

易且多的作业，

易且少的作业。

孩子可以先写难且多的作业，接着再写易且少的作业。为什么这么安排呢？

一般在写第一项作业的时候，孩子的头脑最清醒、专注力最集中，攻克难题的效率也最高，可谓学习的高效期。

因为孩子经历过难题的“折磨”，心里充满挫败感，自信心也受到打击。这时候做一些易且少的作业，可以很好地调整孩子的心理状态，让孩子重拾信心，做后续作业的动力也会有所提升。

然后再趁热打铁让孩子写一些难且少的题目。由先前易且少作业调动起来的积极性就可以顺利地迁移到难且少的作业上，这样也可以减少孩子学习时的逆反心理。

最后再让孩子写易且多的题目。这时孩子不用再费尽心思地思考，剩下的更多是单调重复的体力劳动，这样也有利于孩子过渡到休息状态，以免孩子在睡前反复思考难题，影响睡眠。

总的来说，运用时间象限法的好处有以下几点。

好处 1

有利于培养孩子处理问题的灵活性

很多孩子做作业时喜欢眉毛胡子一把抓，看到什么就写什么，没有规划。

这种孩子在考试中也往往缺乏策略，容易一根筋地写到底，碰到难题容易死磕。

好处 2

减少孩子的学习负面情绪

很多孩子喜欢先苦后甜的做作业方式，可是这样容易产生挫败感，学习倦怠心理也会随之产生，导致负面情绪的不断积累。

运用时间象限法，科学安排难易作业的进度，能有效减少孩子的学习负面情绪，提升孩子学习的积极性。

好处 3

符合学习规律

把一天当中最高效的学习时间用在最难的题目上，符合学习高效期理论，也是提升学习动力和能力的最佳方法之一。

时间浓度训练

了解了时间象限法之后，我们再来看看专门训练孩子时间感的方法——“时间浓度训练”。

什么是时间浓度呢？家长可以理解为在有限的时间内做最有意义的事情。

例如，同样是一年的时间，我们可以做几百件衣服，但是做好的衣服“保质期”有限，总有穿完、穿破的时候；可是如果我们用一年的时间来写一本书，这本书可能会流芳百世，成为传世经典。当然这只是做一个类比，目的是让孩子知道要把最高效的时间用在最有价值的事情上。

家长认为孩子把时间用在学习上比用在游戏上更有价值，但让孩子明白这个道理绝对不能依靠说教，否则容易激起孩子的逆反心理。家长可以利用时间浓度训练法，让孩子在无意识中接受这个道理。

时间浓度训练

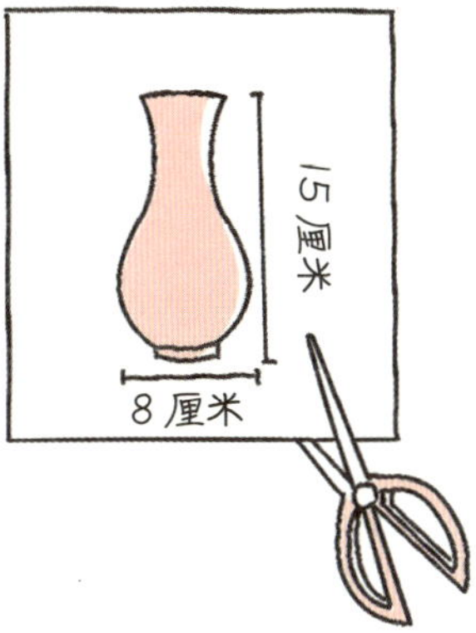

1. 在白纸上画一个指定大小的花瓶，画好后将其裁剪下来。

2. 让孩子把“原始时间宽度”的纸片拿出来，放入纸花瓶里，同时告诉孩子，这个容器还可以装下其他东西，让孩子把他认为可以装下的物品画在白纸上，裁剪下来装进纸花瓶里。

3. 让孩子观察纸花瓶里的东西，并将这些东西按轻重顺序排序：越重的放在越下面，越轻的放在越上面，观察“原始时间宽度”纸片放在了哪里，让孩子阐述一下放在那个位置的原因。

4. 让孩子想象这个花瓶里盛满了水，所有的物品都变成了配料，形成了一杯独具特色的饮料。让孩子给这个饮料起一个名字，并且分享原因。

5. 询问孩子如果纸花瓶里装满了水，水占其中的10分，里面的浸泡物占了几分。最后，告诉孩子纸花瓶里的水相当于自己可以利用的时间，浸泡物代表自己可以完成的事情，浸泡物越多，时间的利用率越高，越能做成更多事情。

在这个训练方法中，水就相当于一个固定的时间段，纸花瓶里的浸泡物越多，孩子的时间利用效率就越高。

通过用物品的轻重代表事情的重要程度、价值含量，孩子可以在训练中学会分清事物的“含金量”，进而减少家长直白的说教方式引起的亲子冲突和情绪抵抗。

用这样的方式暗示孩子，可以帮助他在有限的时间内做更多有意义的事情。日常生活中的游戏、学习、娱乐、体育锻炼，学习当中各个学科练习的紧迫性都可以在这个训练方法中得以体现。

>>> 小课堂

时间浓度训练需要家长带领孩子至少做 8 次，每周做 2 次。久而久之，孩子的时间规划能力就会越来越强。

这一节内容我们围绕“家庭作业怎样安排最高效”这一话题分享了时间象限法和时间浓度训练两种方法，家长要记得落实到日常教育中。当孩子学会高效利用自己的时间，专注力也会稳步提升。

第 5 节

神奇妙招，“根治”边写边玩

- 归置家庭物品法
- 时间持续性训练

在上一节中，我们讲解了如何让孩子在学习中更好地对时间进行规划，以及任务规划安排的专业训练方法。

但有的孩子，他们的学习总是要伴随着一些娱乐活动才能进行下去，比如，刚写一会儿作业就分神了，玩玩橡皮，敲敲尺子，双脚也不老实，要么翘翘凳子，要么抖双腿。年龄大一点的孩子则会表现为不能长久保持专注，刚学习一会儿，不是渴了饿了，就是想上厕所了，总之就是没个定性。

针对这种问题家长应该怎么办呢？接下来送给家长们两个神奇的小妙招——“归置家庭物品法”和“时间持续性训练”。

归置家庭物品法

提到孩子写作业慢慢吞吞、磨磨蹭蹭，很多家长想到的原因就是孩子喜欢写写玩玩。

之前在抖音平台上有一个很火的视频，记录的就是当家长离开后孩子在书桌前都会做什么。视频里展现出来的是，孩子一会儿翘翘凳子、摆弄

摆弄门，一会儿抠抠手指，几乎没有一刻在写作业。

仔细观察，我们会发现其实这类喜欢写写玩玩的孩子所处的环境都有一些共同的特征——家庭空间拥挤、各项物品摆放杂乱、缺乏规则和秩序。缺乏秩序感的家庭氛围会影响孩子的专注力，因为屋子里摆放杂乱、色彩鲜艳的物品很容易吸引孩子的注意力，会让孩子喜欢东张西望，没有耐心执行任务。孩子在这样的环境下想专注学习很难。

如果家庭环境出现上述问题，建议家长首先进行物品归置，下面我们看看具体的方法及其意义所在。

1. 对客厅进行物品归置

★ 客厅的沙发上尽量不摆放玩具

各位家长如果像笑笑妈妈这样，在家里营造一个处处可以玩的环境，孩子的空间感就会错乱，认为客厅、卧室、教室都可以玩。孩子写写玩玩、拖拉磨蹭的习惯也就在这样的环境中日渐形成。

家里一定要保持整洁，尤其是孩子的书房等跟学习有关的空间一定要有规则感和秩序感，减少花花绿绿的装饰品和与学习无关的物品，孩子在每次写作业前后一定要整理归置物品。

★ 闲暇时餐桌上尽量不摆放食物

很多家庭的客厅和餐厅是连在一起的，有些家长喜欢把没吃完的饭菜、饮料、零食直接堆放在餐桌上。这样餐桌不仅杂乱，还很容易吸引孩子的目光。当孩子在客厅休息的时候眼睛很容易瞟到餐桌上的食物，进而养成边吃东西、边看电视的坏习惯。分心的坏习惯就是在日常生活中这种不起眼的环境细节影响下形成的。

2. 对主要的学习场所——书房（卧室）进行整理

很多孩子喜欢写写玩玩，一个重要的原因便是书房不够干净整洁。要想整理好书房的环境，下面的几个小方法可以供家长参考。

★ 桌面标签化

家长可以引导孩子在桌面贴上标签，事先规划好摆放文具、书籍、作业本的位置，孩子每次写作业前，只需要把物品放置在对应的区域就好。

这样可以起到提醒的作用，让孩子知道每次学习前应该准备哪些物品；另一方面，也有助于提高孩子的学习效率，孩子需要文具或书本直接在对应区域寻找就行，不用东张西望，乱找一气。

★ 灯光柔和化

很多家长喜欢将白炽灯作为孩子学习的灯具，但白炽灯的光过于强烈，很容易让孩子产生眩晕感，在明亮的白光下学习过久，眼睛会十分疲劳，而且容易对色彩的敏感度过高。

有科学家开展过让孩子在不同灯光下进行涂色练习的试验，结果发现那些经常在白光下学习的孩子更喜欢用荧光色去涂色，也很容易被周围色彩鲜艳的事物吸引，喜欢通过东张西望放松双眼。而那些在黄光下学习的孩子则保持正常的颜色偏好，专注度也更高。

3. 归置家庭物品的意义

意义 1

减少分心行为

无论是家庭物品的摆放，还是灯光的选择，目的都是希望从家庭环境氛围上杜绝孩子养成写写玩玩、东张西望的坏毛病，只有这些不良习惯得以改善，孩子才能全神贯注地学习，才能提高时间利用率。

意义 2

让孩子更有责任感

让孩子主动整理、归置家庭物品，使家庭空间变得整洁明亮，不仅可以提高孩子的专注力，更可以提升他们的责任感，让他们知道这是作为家庭成员必须承担的义务。

意义 3

有利于培养规则意识

将物品放在指定区域，及时进行整理规划还能培养孩子的规则意识，让孩子的行为更加规范化。

时间持续性训练

接下来我们再了解一种专门训练孩子动力的办法——“时间持续性训练”，该训练主要是通过科学的方法，让孩子能够坚持做好一件事情不轻易放弃，中途不分心。

下面我们来看看这种方法的训练步骤。

1. 准备一个发圈，让孩子一边深呼吸一边拉伸发圈，吸气的时候拉伸，呼气的时候收缩，重复9次。

2. 家长在网上下载简笔画，并将其缩小成2厘米见方的图像，随后打印，让孩子裁剪下来，做成小图片。

3. 让孩子选出一张自己喜欢的图片，放入发圈中观察3分钟，并阐述选择这张图片的原因。

4. 让孩子用在前文“时间动力训练”中探索出来的“时间动力”颜色，给图片涂色。

5. 让孩子阐述所涂的颜色跟选择的图片有什么联系。

6. 最后，询问孩子如果要完成图片中表示的事件会消耗多少个“原始时间宽度”。

家长可能会有点疑惑，这些步骤有什么意义呢？

首先，拉伸发圈可以让孩子感受到放松的状态。

其次，供孩子选择的图片分别对应着各项日常生活任务，包括做作业、上学、居家、吃饭、休闲、娱乐、上课、睡眠等。

而通过时间动力颜色和时间宽度两个方面的暗示，既可以让孩子主动开启任务的执行，又可以保持任务的长久持续，从而进一步强化孩子对时间持续性的感知。

这个训练家长要带领孩子至少做 8 次，每周做 2 次。随着训练次数的增多，孩子做事的时间持续性会慢慢提升上来。

>>> 小课堂

孩子写写玩玩的坏毛病跟家庭氛围息息相关。假期是调整家庭氛围的关键时期，如果家长能在假期中营造良好有序的家庭氛围，帮助孩子规划好时间，让孩子养成良好的学习习惯，那他的时间管理能力一定会有一个质的飞跃。

想要根治孩子边写边玩的坏毛病，家长可以试试这一节介绍的两种方法——归置家庭物品法和时间持续性训练，相信一定会有收获。

第 6 节

孩子生活起居拖延，请看这份提速指南

- 小妙招解决早起拖延
- 时间节奏训练

在上文中，针对孩子学习磨蹭的问题，我们分享了两种提升孩子时间管理能力的方法。但在生活中，除了学习，孩子饮食起居拖延也是家长们难以言说的痛。

比如，孩子早起时的拖延。本来早晨时间就十分紧张，很多妈妈要早早起床给孩子准备早餐，之后又要催着孩子起床、洗脸、刷牙、吃早餐。用打仗来形容早晨的状态一点儿都不为过。面对孩子生活起居中的拖延行为，究竟该如何解决这一问题呢？

下文中，我们就从常见的生活细节入手，通过一系列可以在家实操的教育措施，再搭配一种心理训练方法，从根本上改善生活起居拖延的问题。

从细节入手，解决孩子早起拖延症

孩子早起拖延是让很多家长头疼的问题，这个问题说大不大、说小不小，家长常常是苦恼伴随着无奈，就像下面这个案例中的波波妈妈一样。

波波的回答真是让人又可气又可笑，波波妈妈明明是担心孩子的身体，结果却变成单纯的情绪发泄，以至于让孩子仅仅记住了打，却没记住为什么要好好吃饭。

这样的问题绝不仅仅存在于个别家庭中，相信大多数家长都有这样的苦恼。接下来，我们就早晨阶段的“三大难”——起床、洗漱、早餐分享一些切实可行的解决方法。

1. 克服起床困难

建议 1

拉开窗帘，打开窗户

拉开窗帘打开窗户的目的是让阳光和空气进入房间。当孩子的眼睛感受到阳光的照射，皮肤感觉到稍低温的空气，身体细胞便很容易被唤醒，身体会开始有一系列的反应，可以从原本舒适安逸的睡眠中渐渐清醒过来。

建议 2

播放音乐，唤醒孩子

我们都知道人有视觉、嗅觉、触觉、听觉四大感觉通道。

如果孩子起床十分困难，我们可以尝试利用这四大感觉通道去唤醒他。

第一个建议中，我们运用了视觉（光线）和触觉（冷空气）两个感觉通道，在剩下的两个感觉通道中，听觉是最容易被唤醒的，这也是为什么我们常用闹铃起床的原因。

不过，我们不推荐铃声吵闹的闹铃，容易引发孩子的起床气。我们应该用一些较为舒缓的轻音乐作为早起唤醒铃音，可以是一些经典名曲，也可以是孩子自己喜欢的音乐。

但我们不建议用饭菜香味和固体芳香唤醒孩子，因为人在睡眠的时候，嗅觉反应相对来说比较迟缓，所以这种方法收效甚微。

2. 拒绝洗漱拖拉

洗漱拖拉也是孩子身上常见的拖延习惯，如果孩子开始出现洗漱拖拉的现象，家长可以利用下面的方法及早帮助孩子纠正。

建议 1

使用番茄计时器

建议洗漱时，用番茄计时器和油滴沙漏计时。

之所以建议家长使用番茄计时器，是因为它本身是利用发条原理制成的，倒计时的时候会发出“滴答，滴答”的声音，很有节奏感，能够从听觉上提醒孩子，同时这种节奏感也能加快孩子洗漱的节奏。

建议 2

使用背景音乐

孩子洗漱的时候可以播放一些节奏感强的音乐。

其道理跟番茄计时器一样，利用强烈的节奏感提升孩子的洗漱速度，就好像人会不自觉地跟着节拍跺脚一样，节奏感是提升速度很好的方式。

同时，节奏感强的音乐还可以吸引孩子的注意力，让孩子洗漱的时候更加专注。

3. 有技巧地让孩子自觉吃早餐

家长想要通过家庭教育方法来解决孩子生活拖拉问题，关键把握以下两点：第一点是排除干扰因素，减少孩子分心行为；第二点就是尽量用有节奏的音乐带动孩子的速度。这两点做到位了，孩子的起居速度就会逐渐快起来。让孩子自觉吃早餐也要遵循这两条基本原则，具体做法可参考以下四条建议。

建议 1

关闭电视

电视节目的声音和画面很容易吸引孩子的注意力，家长要特别注意不能让孩子养成边吃早餐边看电视的坏习惯。

如果孩子已经养成边吃早餐边看电视的坏习惯，家长也一定要注意把握底线，及时纠正，不能纵容孩子。

建议 2

与孩子竞赛

有些孩子喜欢把吃早餐看作玩，家长可以换个思路把这种玩变成竞赛，这样孩子吃早餐的速度就能提升上来。

建议 3

尽量吃流食

早餐尽量以粥、豆腐脑等流食为主，这些食物进食比较方便，也更容易消化。

建议 4

准备常温食品

很多孩子吃早餐慢是因为食物过烫，家长可以准备一些温热的食物，减少食物冷却的时间，这样也能够帮助孩子提升吃早餐的速度。

时间节奏训练，让孩子逐步提升节奏感

通过前文的学习，家长或许都发现了在训练孩子早起不拖延上，我们反复在强调一个词——节奏。的确，节奏是速度的前提，只有孩子的动作节奏不断加快，他的速度才可以提升起来。接下来，我们从节奏方面给各位家长介绍一种专业的心理训练方法——“时间节奏训练”。

训练开始前，家长要准备好三个道具，分别是四个“时间容器”的简笔画、表示时间长度的绳子（一条 10 厘米长的绳子）以及一个自制的纸质手表。

时间容器的制作

1. 家长向孩子展示四种物品的简笔画，分别是“酒瓶”“坛子”“花瓶”“茶叶过滤网”，让孩子观察这些简笔画 3 分钟。

①

2. 告诉孩子四个具体时间，例如：3 分钟、5 分钟、8 分钟、10 分钟。

②

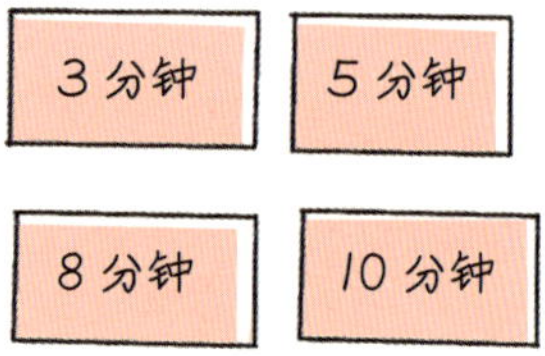

3. 让孩子选择每个容器所代表的时间。

③

“时间容器”制作好以后，接下来就可以开始时间节奏的训练。

❶ 让孩子观察纸质手表，想象上面显示着一个时间，这个时间是几点，在这个时间点一般会做什么事情。

❷ 让孩子想象这件事情变成了液体，能流入四个容器中的哪一个。

❸ 让孩子把绳子拉直摆放在桌子上。想象这是一条加速线会让你做事的速度越来越快，用 10 秒钟时间以击掌的形式将这个逐渐加快的节奏表现出来。

❹ 让孩子把这根绳子放在一张白纸上，用笔临摹出来，并且按照刚才逐渐加速的节奏，把线条划分成若干条线段。

❺ 随后让孩子想象任意一个任务，例如吃早餐，哪个时间容器可以代表这个任务。

❻ 如果这个任务（例如吃早餐）可以加速完成，加速完成所节省的时间，跟刚才划分的若干条线段中的哪一条更接近。

>>> 小课堂

这个训练的目的就是把时间逐步地可视化、具象化，通过手表、容器、线段让孩子更加形象地感知时间。

让孩子把时间线划分成若干个线段，把因加快速度而节省出来的时间，跟划分出的线段联系起来，能够让孩子更直观地看到加快做事节奏带给自己的好处。

针对孩子早晨起床、洗漱、吃早餐这三件最容易拖延的事情，我们提供了三个家庭教育建议和一个“时间节奏训练法”，家长只要在日常生活中让孩子持之以恒地练习，就会看到孩子在生活起居上越来越高效，自己也会越来越轻松。

第 7 节

电子产品不离手，合理控制有方法

- 以身作则，为孩子树立榜样
- 对待电子产品，因年龄而异
- 结合作息计划，使用电子产品
- 产生矛盾，重在有效沟通

如今，电子产品已经从方方面面渗透进我们的生活，它就像一把双刃剑，利用好了能给我们带来很多帮助，没有利用好则会带来很多坏处。对于孩子而言，电子产品则很容易成为破坏他们专注力的“杀手”。

电子产品包括电视、手机、平板电脑等。它们真是让家长们又爱又恨。爱它，因为其内容丰富，有动画片、课程辅导等诸多内容；恨它，是因为它十分容易让孩子上瘾，尤其是手机。

过度使用电子产品，不仅会直接影响孩子的视力，长时间保持相对固定的姿势，还容易引起颈椎劳损；一旦孩子沉迷游戏不能自拔，会严重影响学习。

因此，对电子产品的使用进行科学控制，让孩子学会合理使用十分必要。

家长要以身作则，做好榜样

除了孩子，很多家长也爱玩手机和平板电脑。因此在很多家庭中，我们常会见到这样的画面：爸爸抱着平板电脑看新闻、玩游戏；妈妈拿着手机刷朋友圈、刷抖音、追剧；孩子则在一旁玩电子游戏。只要在家没事，就是家长和孩子一人捧着一部手机或平板电脑，互不干扰，其乐融融。

家长在孩子面前玩手机或平板电脑，给孩子树立了一个很坏的榜样，孩子会有样学样、心安理得地玩起来。

要想孩子不沉迷于这些电子产品，家长首先要以身作则，正人先正己，给孩子树立好榜样。

为了孩子，爸爸一定要严格要求自己，首先做到在家减少玩手机的时间，更不能在电脑上玩游戏；妈妈闲暇时间也要少刷手机，尤其是在孩子面前要尽量少刷或不刷。

>>> 小课堂

家长要充分利用好在家的时间多陪伴孩子，不要让手机等电子产品轻松地把自己宝贵的陪伴时间给霸占了，要和孩子多做有意义的活动，如亲子阅读、亲子游戏等，提高陪伴质量。

对待电子产品的处理方式

家长对待电子产品的处理方式要因孩子不同年龄段而异。如果孩子在 3 岁以下，这个时期相对比较好操作，因为孩子还是一张白纸。只要家长不在孩子面前玩电子产品，不让孩子接触电子产品，孩子就不会凭空产生玩电子产品的想法。

但适度地使用电子产品还是可以的，比如在休息时间让孩子用平板电脑看看动画片、看看儿歌视频等，每天看 2 ～ 3 次，规矩从小立起，长大后孩子便会自觉地遵守适度使用电子产品的规定。

当孩子长大一点儿，家长便可以通过高效的亲子陪伴来避免孩子过度沉溺于电子产品。

比如，陪孩子亲子阅读；带孩子运动、做游戏；带孩子一起画画、玩乐器、做手工、搞园艺；周末可以请其他小朋友来玩，或是带孩子出去郊游、挖沙子、搭帐篷野餐，等等。有诸多好玩有趣的亲子项目值得尝试，这些亲子项目不仅可以开拓孩子的视野，更能避免孩子沉迷于电子产品。

如果孩子已经会玩电子产品了，家长突然提出完全不让孩子玩的规定，孩子的情绪会变得暴躁，非常不利于亲子关系。

此时，家长需要跟孩子耐心商量，首先在玩电子产品前要完成作业，其次是要规定好每次玩电子产品的时间。同时，通过适当的奖惩来强化孩子适度使用电子产品的良好习惯。

对于不同年龄段的孩子，家长对待具体问题要采取不同的措施，切莫一刀切，多考虑孩子本身的实际情况，才能找到最合适的方法。

将电子产品使用规则融入作息时间表

对于孩子使用手机、电脑、电视等电子产品，一定要立规则，最好将电子产品的使用规则插入作息时间表里。

作息时间表	
17 : 30	首先完成作业，然后帮忙做家务
19 : 00	全家一起吃晚饭
19 : 30 ~ 20 : 00	玩电子产品
20 : 00 ~ 20 : 30	亲子时光，全家一起阅读、讲故事、表演
21 : 00以后	休息

家长可以和孩子一起制定电子产品的使用规则，并且家长要带头遵守规则，这样更有利于孩子养成自我控制的好习惯。在实际执行过程中，无论谁违反规则，都要接受处罚。如果孩子玩电子产品超时，则算违反规则，第二天的玩电子产品活动取消。

面对矛盾，有效沟通

当孩子因为玩电子产品不肯撒手，和家长发生矛盾时，家长的常见做法是直接下命令："不许玩了！否则以后都别玩了！"孩子因为拗不过家长，只好恋恋不舍地收起电子产品，但心里却一直惦记着。但当孩子脱离家长的看管后，可能会昏天黑地地玩，完全失去自我控制。

为了杜绝此类情况的发生，当和孩子因为使用电子产品发生矛盾的时候，我们一定要和孩子进行有效沟通，让孩子心服口服。那么，怎样才能和孩子进行有效沟通呢？

1

▶家长跟孩子沟通时，要心平气和，因为情绪激动时，说话容易过激，同时也要等孩子的情绪稳定下来后，再和他进行沟通。

2

▶家长可以跟孩子聊一聊："咱们的规矩是怎么定的？你是不是违反了？"一定要让孩子点头承认，并从心里认识到自己违反了规定。但家长只需跟孩子确认他违反规定的事实即可，切勿上纲上线。

3

▶ 落实惩罚，比如“按咱们约定好的，你违反了规定，明天的玩手机活动取消了，改成看书，你接受吗？”在落实过程中，要注意适度惩罚，不可过重，否则会让孩子产生反感，激起孩子的逆反心理。

以上我们分享了如何让孩子合理使用电子产品的方法。

首先，家长一定要做好榜样。

其次，对于不同年龄段的孩子要灵活采取不同的应对方法。

最后，在和孩子制订作息计划时，可以将电子产品的使用融入其中，并多和孩子进行良性沟通，让孩子打心眼里接受家长的做法。

大家一起来！

专注力小游戏

钟表训练

钟表训练可以有效提升孩子对时间的感知和预估能力，减少孩子的拖拉行为。

▶ 家长让孩子观察钟表上秒针 1 分钟的走动，假如 1 分钟内，孩子的注意力没离开秒针，就延长观察的时间到 2 ~ 3 分钟。

▶ 待确定孩子注意力不离开秒针的最长时间后，再按此时间让孩子观察 3 ~ 4 次，每次间隔 10 ~ 15 秒，若孩子能连续集中注意力观察 5 分钟，就已经是很不错的成绩了。

Chapter 4

提升自控力，让孩子更加专注

小测试

>>> The Test

你的孩子拥有自控力吗?

你家孩子的自控力到底如何？家长可以通过下面的经典小测试测测看。

>>> 测试说明

选“A”，计1分；选“B”，计0分。将各题得分相加为测试总分。

1. 当许诺做自己力所能及的事时，能履行。

□ **A.** 能　　□ **B.** 不能

2. 当意识到自己提出的要求要等一段时间才能被满足时，能等待。

□ **A.** 能　　□ **B.** 不能

3. 举手回答问题时，能等到叫到自己名字后再回答。

□ **A.** 能　　□ **B.** 不能

4. 在阅读或听故事时，能将简单的故事或画册看到或听到最后。

□ **A.** 能　　□ **B.** 不能

5. 对老师要求完成的任务，即使不喜欢，也能完成。

□ **A.** 能　　□ **B.** 不能

小测试

>>> The Test

6. 在玩猜谜语游戏时，游戏规则是猜出来的人会有奖励，但只有一次回答机会，他能努力地思考一会儿再说出答案。

□ **A.** 能　　□ **B.** 不能

测试结果与分析

▶ 以下为测试结果评估，供各位家长参考。

总分：0 ~ 1 分

▶ 自控力差，生活、学习多方面的表现都让家长头疼，需要进行大量的自控力训练，且越早开始越好。

总分：2 ~ 3 分

▶ 自控力处于一般水平，建议多进行自控力训练。

总分：4 ~ 5 分

▶ 恭喜！孩子自控力很强，基本上这种孩子的家长都比较省心。

总分：6 分

▶ 恭喜！家长培养成功，孩子未来可期！

第 1 节

自我意识的觉醒，孩子自控的前提

- “我要做”
- “我不要”
- “我想要”

如果家长细心观察会发现一个很普遍的规律：自控的孩子更专注，不专注的孩子难以自控。

要培养孩子的专注力，自控力的提升是绕不开的话题。从本节开始，我们将详细地讲解提升孩子自控力的方法，为孩子专注力的提升赋能。

在教育孩子的过程中，很多家长可能会苦恼孩子仿佛是为家长而学，总认为自己做的事情都是家长安排的，因此常常陷入被动的消极情绪中，无论做什么都很难专注起来。

如果家长有这样的苦恼，那说明孩子自控力差是因为自我意识不足而引起的。

大家想想，如果孩子像木偶一样，不能自我控制，没有自我意识，何谈觉醒？又怎么可能有良好的专注力和自控力呢？

自己的事情自己做

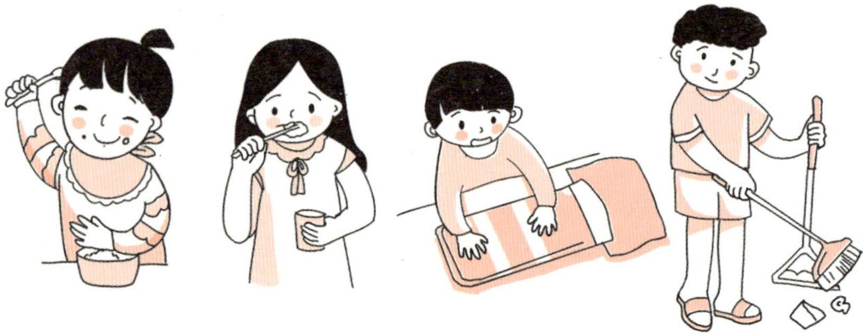

随着孩子不断成长，他们的自控意识会不断增强。家长可以逐步鼓励孩子学习主动安排事情，计划事情，比如自己穿衣服、叠被子、吃饭、做计划，等等。通过这些小小的自控锻炼，一点一滴地培养孩子的自控力，进而提升孩子的专注力。

当孩子逐渐长大，尤其是到了小学二三年级的时候，他们已经有了一定的自主能力。这时，家长可以对他们进行一些针对性的训练，从“我要做”“我不要”“我想要”三个方面来科学引导孩子。

>>> 小课堂

让孩子学会区分“我要做”“我不要”“我想要”这三点并不是那么容易，因此，家长首先要帮助孩子学习区分这三个方面，然后再帮助孩子学会驾驭这三种力量。

什么是“我要做”

当家长要督促孩子做一些有压力但应该做的事情时，可以先和孩子聊一聊自己为什么每天都要去上班，因为这是一项任务，就像孩子每天都要去上学一样。

然后再告诉孩子认真做作业，按时睡觉，自己洗脸、刷牙等，也都是他必须做的事情。而且每天都要坚持做这些事，等到形成习惯之后，孩子再遇到类似的事情时，就会产生“我要做”的想法。

什么是“我不要”

有很多事情是应该做的，也有很多事情是不能做的，家长同样需要将这些标准和规则告诉孩子，比如，孩子喜欢在吃饭的时候看电视、喜欢玩到很晚才睡觉，家长一定要明确地告诉孩子这些行为是不对的。

NO 场景

那么，我们应该怎样告诉孩子这样的行为是不对的呢？简单粗暴地说“不可以”吗？当然不是。

家长应该简明扼要地说清楚原则，并不断强化孩子的行为，比如，明确告诉孩子“吃饭的时候看电视是不好的习惯，因为会影响食欲，还会延长吃饭的时间，耽误做其他事情，所以不可以。”家长要自觉做到关掉电视机，渐渐地孩子在遇到这类事情的时候就能意识到这件事“我不要做”。

什么是“我想要”

在面对诱惑的时候，“我想要”这三个字肯定会出现在每个人的脑海里，家长一定要理解孩子产生想要的需求是正常的。

在孩子提出要求时，家长首先应该提醒孩子保持冷静，先等待几分钟再决定自己是不是真的需要这些东西，比如当孩子看到自己特别想吃的零食或者特别想买的玩具后，可以先让孩子思考 5 分钟，并提醒孩子家里已经有哪些零食或者家里还有哪些尚未拆封的玩具。

孩子的欲望来得快，消失得也快，只要家长能帮助孩子学会冷静思考，很多时候他们会很快忘记自己突然被激发起的欲望，或者发现自己其实并不需要那些东西。长此以往，孩子便能学会理性地表达“我想要”。

YES 场景

"我要做""我不要""我想要"的主语都是"我"，这也意味着这三句话关联的行为都是由"我"主导的，通过这种形式可以对孩子自我意识觉醒进行有效锻炼。

如何进一步巩固并加强孩子自我意识的觉醒呢？

相当重要的一点就是，家长一定要给孩子自己支配时间、空间和活动的权利。家长可以通过"行为总结表"帮助孩子对自己要做的、不要做的以及想做的事情进行分析。

行为总结表	
我要做的	我想做的
1. 完成数学作业 2. 背完昨天学的英语单词 3. 练小提琴	1. 写完作业看20分钟动画片 2. 画一幅画 3. 继续看《小淘气尼古拉》
我不要做的	今天完成的
1. 不能玩平板电脑上的游戏 2. 不能练琴的时候偷懒 3. 不能太晚完成作业	1. 数学作业 2. 背了英语单词 3. 练小提琴20分钟

对这些行为进行分析后，孩子对自己的行为才能产生客观的认识与了解，才会更加清晰地意识到自己可以做什么，应该怎么做，并通过自我意识的觉醒，实现自控力的有效锻炼。

看到这里，有的家长可能会疑惑："我给孩子机会了，但是孩子还是懒得自己做，这可怎么办呢？"

孩子不主动的问题，原因大多还是在家长身上。家长可以先回顾一下孩子从小到大的成长经历，想一想孩子是不是很少有说出自己想干什么以及真的做成了某件事的时候。如果是这样的话，家长就不该对孩子的“懒惰”过多抱怨。当孩子说懒得干的时候，家长可以想一想如何才能激发孩子的主动性和积极性，建议从日常的亲子陪伴入手。比如，和孩子一起做他感兴趣的手工，让孩子做主导，家长在旁边辅助，通过这样的配合，慢慢地调动孩子的积极性，让孩子勇敢地说出和执行自己的想法。

>>> 小课堂

给孩子自己支配时间、空间和活动的权利也是一个帮助他们变得更加独立的过程。在这个过程中，孩子有更多的思考空间，从而不断促进他们自我意识的觉醒与成长。

自我觉醒是实现自控的前提，家长要做的就是帮助孩子进行“我不要”“我想要”“我要做”三个方面的分析，实现自我意识的觉醒，让孩子变“被动”为“主动”，大胆迈出提高自控力的第一步。

第 2 节

延迟满足，冷静的大脑更专注

- 即时性满足与延迟满足
- 延迟满足训练：冷静 10 分钟

我们应该都见过这样的情景：在某个商场或玩具店，孩子哭着闹着要家长买玩具，家长怎么劝都不行，最后只能买下玩具让孩子不再闹腾。

现在，也请正在看这本书的你想想这个问题：“当孩子提出要求时，你会第一时间满足他吗？当你没有满足孩子，他撒泼打滚时，你会不会‘投降’呢？”

如果答案是肯定的，那家长就需要注意了。因为你的行为会影响孩子延迟满足能力的形成，而延迟满足也是自控力养成的一个重要方面。

即时性满足与延迟满足

20 世纪 60 年代，美国斯坦福大学心理学教授沃尔特 • 米歇尔做了一个棉花糖实验，这是一个与即时性满足和延迟满足有关的实验。

棉花糖实验

研究人员曾经做过一个实验：让数十个小朋友单独待在一个小房间里，房间的桌子上放着棉花糖、饼干等小零食。

10 分钟后……

大约只有 30% 的孩子可以等到研究人员回来再吃零食。

通过追踪研究，研究人员发现那 30% 等研究人员回来再吃掉零食的孩子在日后的学习及与同学们的相处中都表现得比其他孩子更好。

现实生活中，不仅是孩子，就连我们大人也经常会沉迷于即时性满足带来的快乐，比如工作太辛苦了，总是想着先玩会手机休息一下。孩子们也常常会想："早上起床上学太难受了，我想再睡一会儿！"这些都是即时性满足的快乐。

在远古时代，由于食物的短缺，人的大脑需要持续分泌化学物质，促使人努力寻找食物并且在找到后马上吃掉，这也是一种即时性满足。

随着人类的进化，物质产品的丰富，这种即时性满足逐渐变得没有那么重要，但却没有消失，人类这种原始的工作机制还是会经常发生作用。因此，孩子没有较强的能力抵挡住来自外界的刺激和诱惑是一种正常现象。

接下来，我们一起来看看如何通过延迟满足提升孩子的自控力。

延缓孩子做出决定的时间

锻炼孩子的延迟满足能力最直接的一个方法就是延缓孩子做出决定的时间。

当孩子受到刺激或者诱惑的时候，家长要鼓励孩子先不要直接满足自己的欲望。这里给家长们介绍一种简单易行的方法——"冷静 10 分钟"。

如果想让孩子拥有一个冷静的大脑，就需要在面对诱惑时，先给孩子的大脑安排 10 分钟的等待时间，如果 10 分钟后孩子仍旧想要，再去满足他的要求。

在这 10 分钟的冷静时间里，家长可以鼓励孩子想象更为长远的奖励，来抵抗眼前的诱惑，让孩子分析一下自己获得长远奖励的快乐是不是会比现在得到的更多，然后鼓励孩子冷静思考一下：“你愿意放弃这个结果来换取短暂的快乐吗？”在询问孩子时，家长一定要给孩子的反应留一段缓冲时间，千万不要当着孩子的面自问自答。

下面我们来看两个截然不同的场景。

不要这样做

宝贝，我知道你很想吃糖果，但是我们等 10 分钟再吃，好不好？

好吧。

如果你这次不吃糖果，明天我可以让你看 10 分钟动画片。

我不喜欢看动画片。

那也不能吃糖果，就这样决定了！

可以这样做

宝贝，我知道你很想吃糖果，但是我们等 10 分钟再吃，好不好？

好吧。

如果你这次不吃糖果，明天我可以让你看 10 分钟动画片。

我不喜欢看动画片。

不喜欢看动画片的话，我们可以换别的奖励，在这 10 分钟里，你可以想想自己最想要什么，还有什么事比吃糖果更开心。妈妈不打扰你了，你先想想，想好了告诉妈妈，妈妈特别期待你自己做决定。

如果你是第一个场景中的孩子，听到他妈妈那样自问自答式的对话，心里会不会感到很难受？而第二个场景中，家长的回答方式就是用鼓励孩子自我权衡的方法来锻炼孩子延迟满足的能力。无论孩子最后会不会选择吃糖果，这个内心挣扎的过程都会促使他提高自控力。

所谓延迟满足的训练，并不是单单解决眼前吃不吃糖果的问题，而是借由这个事件，通过冷静 10 分钟的训练方法，锻炼孩子独立思考、权衡利弊，以及评估长期收益与短期收益的能力，这个过程才是最有意义的。

>>> 小课堂

作为家长，一定不能强迫孩子，要给予孩子自主选择的权利。如果孩子经过 10 分钟的思考，还是选择即时性满足——吃糖果，这也是没有问题的。孩子只有在长期的、反复的、不同前提下的“冷静 10 分钟”锻炼中，才会逐渐懂得延迟满足能带来更多的快乐，自控力才能得到进一步的提升。

通过以上的讲解，家长应该都了解了即时性满足，也掌握了提升孩子延迟满足能力的锻炼方法。当孩子提出要求时，家长一定要给孩子自主选择的权利和冷静 10 分钟的思考时间。千里之行，始于足下，不如就从现在开启孩子的冷静 10 分钟之旅吧！

第 3 节

勇于承担，有责任心的孩子才自律

- 巧妙的责任转移
- 如何建立责任心

作为家长我们都清楚责任心的重要性，要想培养出优秀专注的孩子，责任意识的培养必不可少。许多家长总抱怨自己家孩子做事情没担当，不帮忙做家务，自己的事情也做不好，却很少细想其中的原因。

这究竟是什么原因导致的呢？其实大多数情况下是因为孩子觉得这些事都不是自己的事。

如何让孩子学会承担，帮助孩子建立责任心呢？

接下来，我们向大家介绍一种非常实用的培养孩子责任心的方法——责任转移。

责任转移

通过责任转移的方法进行训练，可以将一些原本总是由家长替孩子完成的事情，以赞美的方式巧妙地转移到孩子身上，孩子会因为得到鼓励和肯定，出色地完成任务。

责任转移讲究技巧，家长要在充分了解自己孩子性格特点的基础上，通过言语上的鼓励，让孩子主动承担责任，勇敢地执行任务。下面我们先来看看案例中的妈妈是如何巧妙地进行责任转移的，请家长一定要注意观察细节。

YES 场景

现在，请家长仔细品读场景中妈妈说的这段话，你会发现特别有意思，这其中囊括了三个技巧。

1

▶巧妙示弱

告诉孩子今天妈妈很累，无法完成扫地这项工作，需要孩子的帮助。

2

▶提出请求

清楚明确地提出希望孩子帮什么忙，让孩子一下子就知道自己能做什么。

3

▶积极赞美

家长不要吝啬自己的赞美，通过有效的正面鼓励和表扬，让孩子变得主动积极。

这三点是不是一点儿也不难？当家长以这样的形式提出请求后，相信大部分孩子都能积极主动地承担扫地的任务。这种说话方式能传达出家长的信任和尊重，让孩子有被认同的感觉，孩子的积极性和责任心会被充分激发出来，觉得自己是被家长需要的，在家庭生活中是可以产生价值和作用的。

因此，大多数孩子都会马上通过实际行动来证明自己。这不就是我们想培养的主动承担责任以及拥有责任意识的品格吗？

其实大多数孩子的内心都是有责任心的，他们愿意帮助家长分担家务，以体现自己的价值，有时候还会关心家长上班累不累，随着他们年龄的不断增长，能承担的事情越来越多，这份责任心也会变得越来越大。因此，作为家长一定要信任孩子，放手让孩子自己做主，自己做事，不要让过度保护成为孩子成长的绊脚石。

在日常生活中，有一类家长会不自觉地给孩子下各种指令，比如“你现在就去吃饭”“你怎么还不睡觉，一点也不听话”，等等，这些带有强迫性的话语会带给孩子很强的压迫感。

而另一类家长，总认为孩子还小，很多事情做不了，也做不好，还不如自己来做，等孩子长大以后就都能做了，这无疑也会伤害孩子的自信心，打击孩子的积极性。

这些做法都是不可取的，要让孩子成为有担当的人，就要从孩子小开始训练，在日常生活中用科学的教养方法保护孩子的自尊和自信，让孩子敢于承担、乐于承担。

>>> 小课堂

家长们一定要注意自己说话的方式，多用上面提到的三种技巧来和孩子沟通，孩子的主人翁意识很快就会被激发出来。

帮助孩子建立责任心的小贴士

除了改变说话方式之外，家长还能在很多方面帮助孩子建立责任心，以下就有几个非常实用的小贴士。

1

要求孩子做好自己的事情

家长可以在日常生活中多要求孩子做好自己的事情，比如自己穿衣服、刷牙、洗澡、上课自觉认真听讲，等等，通过这些小事来帮助孩子建立起责任心。

2

多给孩子做家务的表现机会

类似扫地、洗碗、摆碗筷等简单的家务可以交给孩子做，让孩子在家庭生活中有更多的参与感。

3

注意不要打消孩子的责任心

俗话说“关心则乱”，家长一些看似发自内心的关心行为，实则会严重打消孩子的责任心，这样孩子就会产生“你不信任我”“我肯定做不好”之类的想法，下次再让他做家务的时候，他首先想到的就是放弃。

4

考虑孩子的实际完成能力

假如家长要求孩子制订一张一天要完成十几项任务的计划表，孩子一看就会本能地抗拒，就算家长说“我相信你能完成”之类的话也没有用，因为他真的是完不成，这个要求并不实际。只有结合实际情况，考虑孩子的实际完成能力，让孩子自己制定规则和制度，孩子的主动性才能被调动起来。

因此，家长要给孩子自己制定规则和制度的权利，比如做什么家务这件事，我们可以和孩子好好商量究竟做哪几件家务，需要多长时间。刚开始的时候，任务完成的时间可以安排长一点，但一定要让孩子独立完成，这样孩子才能体验到自己做完事情的成就感和自豪感，才能建立起真正的责任意识。

>>> 小课堂

家长学会放手，给予孩子尊重，就能让孩子学会承担，爱上承担，自然就会变得更加有责任心。

以上几点，希望家长能充分领悟，并在和孩子的交流中充分应用。当孩子建立了责任心之后，会发现对自己负责是特别好的事情，也会变得更加积极主动。

家长可以通过“示弱”“明确要求”“赞美”等技巧来表达自己的要求，注意不要用强权压迫孩子，以及提出超出孩子能力范围之外的要求。这样才能更好地帮助孩子建立责任心，从而更好地培养孩子的自控力。

第 4 节

制订计划，孩子的生活自己做主

- “自己的计划”
- 落实计划
- 思维导图训练

在前文中，我们经常提到“计划”这个词。大家都知道计划是个好东西，但是实践起来却困难重重。如何鼓励孩子为自己的生活制订合理的计划，并进一步培养孩子的自控力，关键在于“自己的计划”和“合适的计划”。

“自己的计划”

首先我们来说说什么是“自己的计划”。

孩子自己的计划应该由孩子制订，家长可以辅助、参谋，但是绝不能越权代理。有关专家经过追踪调查发现，很多孩子在生活和学习中缺乏明确的自我计划，处于混乱或半混乱的状态。家长可以试着问问孩子：“你是怎么安排自己的学习的？”很多孩子都会有类似的回答：“妈妈说让我每天先写一个小时作业，再喝水，再运动半个小时。”这显然不是孩子自己制订的计划。

事实上，随着生活节奏的加快，很多家长没有太多时间来教育子女，他们会本着为孩子将来好的目的给孩子制订系列的计划，告诉孩子什么可以做，什么不能做，什么时候要做什么事，以及如何做这些事。这种简单粗暴的教育模式已经成为普遍操作。但是，如果我们问问孩子喜欢这样的计划吗？十有八九的回答都是不喜欢，但没办法。

在前文中，我们讨论了诸多帮助孩子养成自控力，实现自我意识觉醒，培养延迟满足能力的方法。我们如何把这些方法融会贯通到孩子的生活中去呢？让孩子自己制订计划是最好的方式。

让孩子自己制订生活计划，可以快速提升孩子规划生活的能力。下面我们以让孩子自己决定接下来的 2 个小时要做什么为例进行示范讲解。在具体执行上，家长先告诉孩子今天一共有几件事情要完成，然后请孩子自己规划完成每件事情需要多长时间，再看看这 2 个小时内可以完成多少事情。

如何制订生活计划

1

让孩子列出今天要完成的事情：

① 写数学作业

② 课外阅读

③ 收拾玩具

④ 帮妈妈打扫卫生

⑤ 和爸爸去买菜

……

2

让孩子预估自己完成每件事需要的时间：

① 写数学作业（1 小时）

② 课外阅读（40 分钟）

③ 收拾玩具（20 分钟）

④ 帮妈妈打扫卫生（25 分钟）

⑤ 和爸爸去买菜（1 小时）

……

3

让孩子在所列事情中自由选择几件可在 2 小时内完成的事情，并规定在 2 小时内完成。

例如：2 小时 =120 分钟，孩子可以选择事情①②③来完成。

孩子刚开始自己制订计划，可能会安排得不太好，这是正常现象，家长不必着急。随着孩子年龄的增长，制订计划的能力会变得越来越强。

帮助孩子落实计划

孩子自己制订计划，刚开始的时候或许会天马行空，完全不符合实际，这时候家长要及时阻止吗？

不一定，只要这个计划没有什么危险性，我们建议家长让孩子先去尝试，如果孩子尝试后发现可行性不高，就会主动调整计划，这比家长直接告诉他计划不靠谱更有效。但是在一些比较重要的事情上，还是需要家长稍加引导。比如，如果孩子的计划里学习的内容与需要掌握的知识完全不对应，家长便可以和孩子商量需要加入哪些必要的知识学习，然后适当关注孩子的具体实施步骤及执行方法。

此外，还有一点非常重要，计划不能只立在口头上，还要落实在笔头上。当孩子自己还不能画出或写出计划表的时候，家长可以帮助他们，但一定要尊重孩子自己的意见来制订计划。当孩子自己可以画出或写出计划表后，家长一定要让孩子自己来制作。

>>> 小课堂

家长还可以鼓励孩子在计划表中用自己喜欢的标识，这样孩子在执行计划的时候会更加有兴趣和动力。

思维导图训练

思维导图训练是一种脑力思维锻炼方式，它可以锻炼孩子的逻辑能力和发散性思维，对培养孩子制订计划的能力非常有益。思维导图可应用在各种场景中，比如，孩子想通过自己的努力买一本书这种小计划，也可以利用思维导图进行分析。首先，让孩子在白纸上画上几种可能的买到书的方法，包括自己攒钱、向家长要钱等，然后再通过画思维导图发散思维去想每一种方法如何实现。

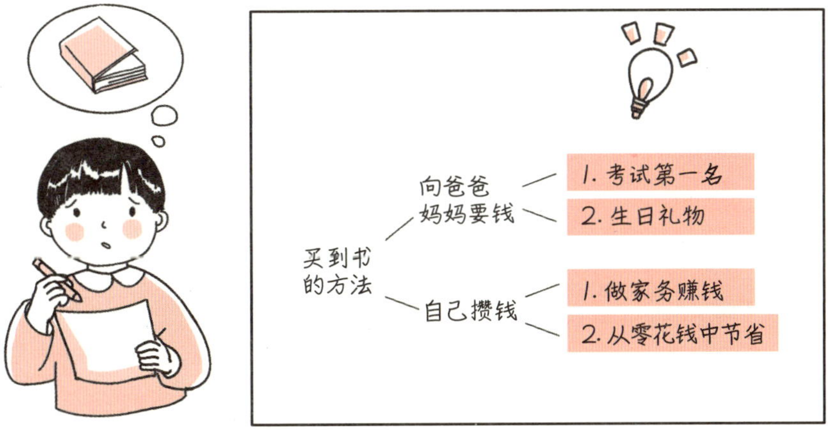

长期坚持思维导图训练，可以充分锻炼孩子制订计划的能力。一旦孩子养成了科学制订计划的能力，不仅能快速成长，更能受益终身，可以说这是一种让孩子赢在起跑线上的方法。

了解完上述方法，相信家长已经知道该如何培养孩子自己做主的能力了。放手让孩子成为自己计划的制订者和执行者，当孩子逐渐具备了制订计划的能力，他们的自控力才会得到全面的提升。

第 5 节

权威，打造必要的制约力

- 立规矩养成好习惯
- 拒绝非分要求
- 做好自己的事
- 家长良性互动
- 处理好隔代关系
- 学会反思

提到权威，许多家长可能都有误解，总认为这是一种老套的粗暴的教育模式，有抗拒心理。但科学研究证明，权威在亲子教育中是不可或缺的，它是孩子自控力养成的法宝。

因此，在展开正文之前，我们要先为“权威”这个词做一番正解。什么是权威呢？

家长交代孩子要做的事情，孩子动手完成，这是权威的体现；家长规定孩子不能做的事情，孩子不做，这也是权威的体现；当家长出现的时候，孩子会立即停止一些不好的行为，这还是权威的体现。

权威是家长作用在孩子身上的一种影响力，而不是动不动就打骂问责的暴力。在家庭教育中，建立父母的权威，既是必须也是关键。

具体来说，家长的权威可以通过以下几个方面的行动来建立。

通过立规矩帮助孩子养成好习惯

在孩子特别小的时候，立规矩特别重要。那个阶段的大多数孩子还不能独立，很多时候需要家长进行引导，帮助他们了解生活的规则，帮助他们对事情做一些最基本的分类：什么事情可以做，什么不可以做，以及应该怎么做。

可以做的事情

分享食物给朋友

早睡早起

主动打招呼

自己整理房间

……

不可以做的事情

抢其他人的玩具

动手打人

不刷牙

乱扔垃圾

……

在这个过程中，家长逐步帮孩子养成规矩意识，这也是我们常说的好习惯的养成过程。

古人有言："无规矩不成方圆。"家长在孩子小的时候就要通过立规矩对他们的行为习惯进行引导。

拒绝孩子的非分要求

在前文中我们提到过即时性满足感，很多孩子会由于即时性满足感的影响，提出一些不合理的请求，比如，看到自己想吃的零食就撒泼打滚地要求家长买，或者在睡觉前哭闹着要吃东西，等等。这些都属于非分要求，家长一定要坚定地告诉孩子这些行为都是不允许的，坚定地拒绝他们。

NO 场景

鼓励孩子做好自己的事情

鼓励孩子做好自己的事情也是树立家长权威的有效途径。家长可以和孩子推心置腹地聊天，告诉孩子自己的事情自己做就是对自己负责任，还可以在完成事情的过程中收获价值感和幸福感。

>>>

当孩子不愿意做自己的事情时，家长可以对孩子说：

"如果爸爸妈妈都帮你干了，你岂不是对自己的生活一点自主权都没有了？"

通过这种方式鼓励孩子做好自己的事情，同时家长一定要坚定孩子自己可以做好的信心，告诉孩子：

"对的，爸爸妈妈就是相信你，宝宝肯定可以的！"

当孩子听到这样的话语，会觉得爸爸妈妈的形象格外伟岸，家长的权威形象也由此树立并体现出来了。

家长之间要良性互动

在细致讲解这一点前，请家长先思考一下自己和爱人的关系。在一个家庭中，如果妈妈喜欢指责爸爸，爸爸喜欢逃避家务劳动，那处在这样的家庭环境之中的孩子对家长的信任感就会急剧下降。

如果孩子每天在家里看到的是家长争执吵闹、互相推诿等诸多不良好的相处行为，家长将很难在孩子心中树立权威形象。

要想教育出优秀的孩子，首先要营造一个良好的家庭氛围，家长之间一定要良性互动，这样才能在教育孩子时有基本的说服力。

在一个有爱的家庭里，孩子的身心成长会更健康，状态也会更好。

要处理好隔代关系

这里说的隔代关系，主要是指家中老人、家长和孩子三方的关系。

很多家长白天要上班，照顾孩子的任务就落到了老人身上。众所周知隔代的爱更无私，但过度无私就是溺爱，因此老人更有可能溺爱和偏袒孩子。

面对老人的溺爱，家长应该怎么做呢？

最好的方法还是通过沟通来统一战线。家长一定要和老人沟通好对孩子的教育要求，尤其是在孩子的学习要求和生活要求上，说明这些要求的长期益处，和老人统一战线。特别要注意的是，一定不能当着孩子的面数落老人的不是，这会对孩子产生相当不良的影响。

学会反思

这里介绍的反思要求家长每周都要进行，具体需要反思什么呢？其实很简单，主要就是针对树立权威的问题，每周末想想本周自己有哪几点做得好，哪几点做得不好。

但这种反思不能光是家长自己思考，还需要采用家庭会议的形式动员全家参与进来。家长可以每周选一个固定的时间，组织一家人开会，一起来说说各自的反思。在开家庭会议的过程中，孩子会发现其实家长在工作和生活中也坚持做了很多事，这些都需要自控力来完成。渐渐地，他们便会以家长为榜样，家长的权威也自然树立在孩子心中了。

YES 场景

家长一定要明白，树立权威并不是要大声教育、大声责骂，更不是利用强权要求孩子屈服——这不是权威，而是胁迫。

权威是家长通过日常生活中的一言一行，在孩子心中树立以身作则的影响力。

小课堂

教育中，我们提倡给孩子自由。但这个自由，是有一定限制的自由，这个世界上没有绝对的自由。权威的建立，正是为了打造家长对孩子的基本制约力，有利于孩子自控力的真正养成。

一个没有规矩、没有制约力的家庭，很难培养出有自控力的孩子。家长们一定要尝试从立规矩、拒绝非分要求和鼓励孩子自己的事情自己做这几个方面入手，树立权威形象，通过制约力的束缚帮助孩子养成自控力。

第 6 节

学会放手，给孩子养成自控力的权利

- 让孩子做力所能及的事
- 鼓励孩子做超出所能的事
- 做错事情要勇于承担
- 尊重孩子的做事方式

在本章前面的几个小节中，我们分享了诸多培养孩子自控力的方法。接下来，我们继续从家长的角度来聊一聊如何帮助孩子养成自控力。

在阅读本节内容前，我们可以先思考一个问题——在孩子的教育过程中，你真的敢放手吗？下图是学校组织孩子去市郊公园玩，就来回乘坐大巴车的问题咨询家长意见，得到的家长反馈——担心、焦虑、害怕……

NO 场景

大多数家长都知道要放手，但是一旦真的遇到该放手的情况，自己却又做不到了，这是因为家长总觉得孩子一旦离开自己，肯定会出事。

很多家长总觉得孩子还小，应该像温室里的花朵一样好好保护起来，其实这样的过度保护无异于在用另一种方式伤害孩子。

家长在教育孩子的时候一定要学会科学地放手，让孩子独立成长。

家长要学会放手，给孩子养成自控力的权利，下面我们从四个方面细致讲解家长该如何正确地“放手”。

孩子能力范围之内的事，让孩子自己去做

家长可以回想一下，家里有多少事是交给孩子自己去做的，是不是很少，甚至几乎没有？很多家长会觉得孩子还小，学业压力太大，家里能不让孩子做的事就尽量不让孩子做，免得影响他们的学习。

孩子们经历得越少，掌握的生存能力也就越少，所以万事包办并不能真正地保护孩子。

孩子上小学一年级后，同龄人之间的差距会变得非常大，有些孩子的自理能力非常强，有些孩子却文具、书本到处乱丢，连怎么收拾书包都不会，很多事情都要在家长和老师的帮助下才能完成。

NO 场景

YES 场景

“罗马不是一天建成的”，孩子的自主能力也是如此，需要通过日常习惯的培养和细节的训练才能形成。放手让孩子去做事，是家长必须迈出的一步。如果家长过度保护孩子，什么事情都替孩子做好，其实就是慢慢地把孩子变成一个没有能力独立做事的人，这对孩子未来的发展有百害而无一利。

超出孩子能力的事情，鼓励孩子自己去做

只有自己亲身经历过的事情，才能有切实的感受，别人通过实践得出的道理都是别人的，没有经历过的人很难感同身受。

我们都知道，当孩子遇到自己不会做的事情时，一般都会第一时间寻求家长帮助。这个时候，家长是简单地帮孩子把事情做了，还是和孩子一起分析怎样才能自己把事情逐步完成了？显然，后一种做法更可取。

>>> 小课堂

对于超出孩子能力的事情，家长千万不要强求孩子一次性完成，可以鼓励孩子分步骤完成，每完成一步就给孩子一个大大的鼓励。

这样做不仅能让孩子掌握的技能越来越多，还能让孩子越来越有担当，越来越自信。

当孩子做错事情时，要让孩子自己承担

很多孩子不愿意面对错误，有时候家长会以孩子太小了，不要强迫他们承认错误为借口，默许孩子这种逃避行为，但这是一个教育误区。要求孩子直面自己的错误，孩子才会对自己的行为有正确与错误的认知，逐渐知道什么事情是对的，什么事情是错的。

十分重要的一点是，当孩子犯错时，家长一定要就事论事，千万不

要上升到人格攻击。

假如孩子在楼下玩耍的时候，因为抢玩具推倒了别的孩子，这时候家长应该怎么做呢？

NO 场景

YES 场景

孩子做错事情后，家长一定要理性批评，尽量先平复自己的怒气，然后再指出孩子的具体错误，不要用偏激、尖锐刻薄的责骂伤害孩子，这会严重打击孩子的自信心，也会让孩子越来越不愿意正视自己的错误，往后容易出现撒谎、逃避责任等行为。我们都知道只有勇于承认错误、承担责任的人，才会拥有更多优秀的品质，才能成为优秀的人才。

> ! 当孩子做错事后不要为他开脱，要让孩子为自己的错误买单。犯错并不可怕，重要的是懂得对自己的错误负责任。

孩子的做事方式，大人不要干涉过多

孩子在家帮妈妈拖地，妈妈说要从卧室开始拖，最后拖餐厅。但孩子拿着拖把从客厅开始拖，这绝对是错的吗？当然不是，这不是原则问题。

> 孩子的世界与成人不一样，他们的思想更加天马行空，可能他们喜欢的许多事情，家长都不理解，但建议家长尽量不要去过度干涉他们的这些行为。

而且孩子可能在拖地的时候并不像妈妈一样没有一点遗漏，他可能拖着拖着就开始拿着拖把在地上画起来，这时，家长需要去阻止吗？当然不要！这是孩子的发散性思维，他在用另一种方式表达内心想说的话和想法，家长阻止孩子这个看似愚蠢的行为时，也变相扼杀了孩子创新的思想。

现在，如果再收到学校组织孩子去公园玩的通知，家长们还会那么忐忑吗？其实家长应该告诉孩子这将是一次非常好玩的春游，希望他玩得开心，注意安全，不要离开老师，这样就够了。至于衣服会不会搞脏，午饭吃不吃得饱，这些都不是那么重要。

这一节我们从四个不同的方面探讨了家长该如何放手让孩子养成自控力。在孩子自控力养成的道路上，当家长学会放手时，孩子的成长也会比我们想象得更快。

第 7 节

科学培养，家长必知的八大“禁区”

- 溺爱孩子
- 压制孩子
- 过度施压
- 家长失范
- 甩手掌柜
- 横向比较
- 欺骗敷衍
- 忽视感受

在前面的讲解中，我们一起学习了孩子自控力养成的系列方法。本小节里，我们谈谈培养孩子自控力的“禁区”。

在读完以下内容后，家长们可能会发现自己已经触碰过其中某些“禁区”，那么以后可以在自己即将进入“禁区”之前，给自己提个醒，为孩子自控力养成之路保驾护航。

溺爱纵容孩子

NO 场景

如果遇到类似情况，你也像图中的妈妈一样，那么就身处“禁区”之中了。家长们可以仔细思考以下几个问题。

>>>

为什么别人家的孩子知道不乱动别人的东西，自己的孩子却不知道？

>>>

为什么别人家的孩子放学后就开始写作业，自己家的孩子却只要求看电视？

>>>

同龄的孩子，为什么会有这么大的差别？

这些行为基本上都是家长溺爱纵容的结果。

越小的孩子越需要家长用科学的方法进行教育，溺爱会导致孩子不知道自己错在哪里，没有规则感和自控力，并且越长大问题越严重。

压制孩子

有些家长坚信不打骂不成材，喜欢用打骂的方式教育孩子，这对于年龄比较小的孩子来说可能暂时有用，但是随着孩子年龄逐渐增大，自我意识会逐渐增强，如果此时家长还一味地用打骂的方式进行教育，孩子多半会产生逆反心理。

尤其是在教育进入青春期的孩子时，家长为了纠正他们的错误行为和不良习惯，会选择一些比较激进和暴力的教育方式，孩子的心理落差会变得更大，也会变得更加难以教育。

给孩子施加过多压力

有些家长总是对孩子说“我都为你做了这么多了，你怎么能这样对我？”“我都是为你好，你怎么不听我的？”之类的话。

换位思考一下，如果别人总是对我们说这样的话，我们会不会产生反感？相信答案基本都是肯定的。

同理，孩子听到这样的话，第一反应多半也是“这又不是我要求你为我做的”“你可以不对我好啊，我又没有要求你”之类的逆反想法。

家长本身没有自控力

如果家长自己就是一个拖延症患者，怎么去要求孩子有自控力呢？

如果家长本身就容易情绪失控，动不动就大喊大叫，自然孩子也很容易在与你“交锋”的过程中，以牙还牙。

如果家长自己早上都不能按时起床，又怎么能要求孩子早起呢？要想孩子守规矩、有自控力，家长首先要做出榜样来。

不陪伴，当甩手掌柜

没有陪伴就没有发言权。如果家长在孩子的日常生活中处于角色缺失的状态，那么家长的威信便很难建立起来，孩子对家长很难产生信任感，亲子沟通会变得非常困难，这些都不利于孩子自控力的养成。

总拿自己的孩子和别人相比

心理学家说：“横向的比较没有什么意义。”

如果家长总是对孩子说：“你看看人家小丽字写得那么好，再看看你自己的字歪歪扭扭！”此时，我们有没有想过其实孩子的字与去年相比已经有了很大进步呢？

>>> 小课堂

横向比较是没有意义的，更重要的是站在孩子成长的角度进行纵向比较。

用欺骗敷衍孩子

提到这一点可能很多家长会说："我们怎么会骗孩子呢？"其实这种欺骗孩子的言行真的不在少数。

比如家长总是告诉孩子："赶紧写作业，写完我给你买玩具！""这次期末考试如果你能考一百分，我就带你去旅行。"但是，当孩子达到要求找家长兑现承诺的时候，家长却推三阻四，长此以往，孩子怎么还会相信家长呢？

忽视孩子的感受

有这样一类家长，当孩子说自己真的做不到时，当孩子说自己很累想休息一下时，当孩子说想沟通一下时，他们总是说："别找借口，你赶紧去完成自己的事情。"不关心孩子的喜怒哀乐，不关心孩子为什么不想写作业，不关心孩子为什么这次没考好，不想去感受孩子的内心，孩子怎么可能对家长敞开心扉呢？

>>> 小课堂

良好的亲子关系建立在互相尊重、互相理解的基础上，亲子关系也需要用心经营，只有家长充分理解并尊重孩子，孩子才会对家长敞开心扉。

以上八大“禁区”，都是家长在帮助孩子养成自控力的过程中容易出现的问题。如果您曾经踏入“禁区”，请一定要在以后的家庭教育中尽量避免；如果您没有出现过此类问题，恭喜您，已经成功掌握了科学养育的奥秘，请再接再厉，帮助孩子养成良好的自控力。

自控力的养成，需要孩子的坚持，更需要家长的耐心、爱心和责任心，希望各位家长能从本章的讲解中收获适用于自己孩子的科学养育方法。

大家一起来！

专注力 小游戏

玩平衡杆

这个游戏可以有效提升孩子的自控能力和平衡能力。

▶ 家长给孩子一支 2B 铅笔，让孩子伸出左手的食指，将铅笔放在食指的指腹上使其保持平衡不掉下来。

▶ 家长还可以增加游戏难度，让孩子边走路边保持铅笔不掉下来。

Chapter 5

做聪明家长，用专注成就孩子美好未来

小测试

>>> The Test

你是能为孩子带来快乐的家长吗?

家长是孩子的第一任老师。孩子未来能否幸福、成材，都跟家长教育孩子的方式息息相关。能为孩子带来快乐的家长是孩子成长路上最好的陪伴。

日常生活中，作为家长你是否存在以下行为?

- □ 1. 认为自己需要学习更多。
- □ 2. 给孩子提供获得答案的方法。
- □ 3. 常对孩子说：“再试一次看看，相信你能找到答案。”
- □ 4. 常问孩子“考虑过结果会怎么样吗？”
- □ 5. 鼓励孩子做自己。
- □ 6. 照顾好孩子的日常起居，经营好自己的生活、事业。
- □ 7. 向孩子亲身示范怎么做才是信守承诺。
- □ 8. 允许孩子探索和犯错。

测试结果与分析

▶ 如果你能满足以上描述的任意 3 ~ 5 条，就说明你是一个能为孩子带来快乐的家长。

第 1 节

奖励得当，孩子的学习充满动力

- “差孩子”更需要奖励
- 明确奖励内容和方式
- 正确奖励需掌握的要点
- 奖励需要适度

通过本书前面四章的讲解，聪明的家长一定已经发现了在培养孩子专注力的过程中，采用科学的方法非常重要。除了前面介绍的系统化的训练方法，在日常生活中还有哪些技巧可以帮助家长事半功倍地培养孩子的专注力呢？本章我们将细致讨论这一问题。

众所周知，教育离不开奖励这一方式，在训练与培养孩子专注力上，奖励也是最重要的方式之一。

YES 场景

图中的小男孩因为期末考试取得了好成绩，喜提了妈妈奖励的自行车。在大多数情况下，奖励可以成为非常有效的激励方式。但家长在教育孩子的过程中，如何正确地运用奖励的手段是一件很有技术含量的事情。接下来，我们就来谈谈奖励的技术细节。

表现不好的孩子最需要表扬和奖励

什么样的孩子能受到表扬和奖励呢？一般来说，学习成绩好、行为表现好的孩子受到的表扬与奖励最多。

但是什么样的孩子最需要表扬呢？这个问题就比较复杂了。

其实，那些成绩不好、行为表现不好的孩子是最需要表扬和奖励的。原因很简单，好孩子得到的表扬与奖励太多，都有点“麻木”了；而那些不那么好的孩子得到的表扬与奖励太少，一旦得到往往会倍加珍惜，这些鼓励也会对他们的行为产生重大影响。

分心、冲动、多动的孩子属于得到的表扬与奖励少之又少的那群孩子，表扬与奖励对他们来说有着重大的意义。

也许有的家长会说，不是我不想表扬奖励孩子，是他实在没有什么值得表扬与奖励的地方。事实真的是这样吗？

也许自己家孩子和优秀的同龄孩子相比起来确实有很大差距，但是和他自己相比一定有进步之处。就像家长也不会拿自己和世界首富去比财富，而是将自己今年的财富状况与去年相比，看是否攒了更多钱。同理，孩子也应该是今天的自己和昨天的自己相比，现在和之前相

表扬与奖励孩子的理由，不应当是横向比较，而应该是纵向比较。

比有进步了就是一件令人高兴的事，就值得家长的表扬和奖励。

分心、冲动、多动的孩子虽然有许多不良的行为和习惯，但也一定有表现良好的时候，至少有不良行为有所改善的时候。比如，做作业时注意力比以前集中了，小动作比以前减少了；做题时错误率降低了，能够安静地坐上一会儿了；在休息日按照计划进行学习和娱乐活动了，等等。这时家长应及时给予孩子表扬和奖励，让孩子感受到良好行为带来的成就感，他以后重复同样行为的概率就会增加，进而逐步固化这种行为模式形成良好习惯。

在掌握科学的奖励方法前，家长必须要分清“进步”“达标”和“优秀”这三个概念。

比如，老师布置的家庭作业，大部分孩子用两个小时完成，成绩优秀的孩子一个小时就完成了，分心拖拉的孩子要三个小时才能完成。我们可以把两个小时完成作业看作达标，一个小时完成作业看作优秀，三个小时完成作业看作不合格。

假设孩子原先需要三个小时才能完成作业，通过一段时间的训练，他现在两个半小时就能把作业做完。他达标了吗？没有，更谈不上优秀。他进步了吗？进步了，因为他比以前提前了半小时。只要孩子跟自己比有进步，就值得家长给予奖励和表扬。

也许有的家长疑惑，还没达标，为什么要奖励？因为孩子在进步，他们在进步的过程中得到奖励才会有更大的动力。

>>> 小课堂

奖励的原则是看是否进步，而不是是否成为和别人比拼时的赢家。

明确奖励的内容和方式

家长平时要多观察孩子、关心孩子，选择与孩子需求相契合的奖励方式。家长选择奖励方式时，要根据孩子的个人喜好，选择有效的奖励方式。奖励的方式多种多样，家长可以根据孩子的年龄特点、性格、爱好和需求来选择。

1

▶ 奖励可以是给予孩子想要的东西或带他们完成想做的事情，例如带他们去喜欢的餐厅吃饭，让孩子玩一会儿电子游戏，给孩子讲故事，带他们观看一场精彩的足球赛等。

▶ 奖励也可以是去掉孩子不想要的东西或不想做的事情，比如免除一次家庭劳动、周末不用早起等。

2

3

▶ 奖励也可以是鼓励的话语和积极的肢体语言的沟通，比如拥抱孩子，摸摸孩子的头，夸赞孩子，赞许的微笑等。

用奖励塑造良好行为的要点

1. 向孩子清楚说明被奖励的具体行为

奖励孩子前，一定要清楚地告诉孩子他是因为什么事情被奖励，这样孩子才能把奖励和良好行为联系起来。

家长不要说

宝贝，你今天表现得很好，奖励一下。

家长应该说

宝贝，你今天安静地做作业的时间比昨天长了 5 分钟，所以妈妈要奖励你某某东西（或做某某活动）。

如果家长笼统地说“表现不错”，孩子可能还搞不清楚到底是什么行为得到了表扬。所以家长的奖励一定要和具体的事件行为联系起来，这样孩子的良好行为才会经常出现。

2. 肯定孩子要及时，兑现奖励可以延时

比如，孩子做作业时注意力很不集中，家长想利用他特别喜欢看现场足球赛这一点来鼓励他，便告诉孩子：“如果你专心做作业，我就带你去看球赛。”可每次孩子注意力集中地完成了作业，就带他去看足球

赛是不现实的。这种情况下，我们可以采用“代币法”。

代币法通俗地说就是把奖励攒起来一起兑换。代币法的优点是既可以及时肯定孩子的良好行为表现，又因为需要积攒一段时间才能兑换奖励物，还可以长时间地反复强化孩子的良好行为，使之内化为习惯。

小课堂

家长采用代币法之前，要和孩子共同商定并确立兑换规则，包括出现何种状况或行为可以得到多少代币，出现何种不良行为罚多少代币，多少代币兑换某一种物品或活动等。

代币兑换规则必须制定得合理细致，并规定兑换的时间和地点。家长兑现奖励的时候要守时守信。

奖励要适度

第一，奖励的大小要适度。若奖励太小，则难以激发孩子的动力，但过度奖励又会诱发孩子的贪婪，甚至有的奖励是以全家人的生活为代价的，这种奖励不可取。

第二，奖励的频率要合适。次数过少或过于频繁的奖励都不能对孩子形成有效的促动。奖励太少不能让孩子动心；奖励太频繁则会让孩子失去感觉。因此，奖励的频率适度很重要。

家长们想要表扬和奖励孩子，一定要有一双善于发现孩子优点的眼睛，看到孩子的进步，不要吝啬自己的表扬和奖励。

第 2 节

方法正确，惩罚才有效

- 惩罚不是发泄
- 惩罚的目的
- 变相体罚
- “零容忍，无例外”
- 有效的惩罚
- 暂时隔离法

有赏必有罚，讲解完了如何正确地奖励孩子，接下来我们谈谈惩罚。

从“棍棒底下出孝子”到“没有不好的孩子，只有不合格的家长”，从古至今人们的育儿观念发生了一系列的变化。这种变化是科学文明的。

但是当孩子犯错的时候，要不要惩罚孩子、能不能惩罚孩子、该怎么惩罚孩子，好像已经成了教育界讳莫如深的话题。几乎没有优秀的老师说要惩罚学生，也很少有教育家告诉家长要惩罚自己的孩子。

到底能不能惩罚孩子？许多家长在这个问题上很纠结。分心、多动、冲动的孩子犯错的概率很高，这些孩子的家长在能不能惩罚、要不要惩罚这件事上更是常常犯难。这一节，我们就来谈谈有关惩罚的问题。

其实，惩罚在教育中是必需的，也是必要的。

一个社会如果没有惩罚机制，一定会乱套；一个孩子如果在教育过程中少了惩罚，也一定不会成材。惩罚并没有错，当孩子犯错时，就应当受到一定的惩罚，但需要注意的是惩罚不等于体罚，也不等于变相体罚，以惩罚的手段教育孩子是个技术活，有许多“讲究”，下面我们就进行细致分析。

不能把惩罚孩子作为发泄自我情绪的手段

曾经有家长说，他常常在孩子犯错的时候狠狠揍孩子，揍完之后又觉得自己下手太重后悔不已，可当时就是控制不住自己的情绪。

从根本上说，这位家长打孩子并不是为了教育孩子，而是为了发泄自己的情绪。各位家长，你们觉得这么做是否合适呢？这么做能达到教育孩子的目的吗？显然这种惩罚孩子的行为是不合适的，也难以达到教育目的。

面对孩子的不良行为，家长着急上火，情绪难以控制，这可以理解，但这不能作为做出错误反应的理由。为人父母一定要学会控制自己的情绪。

>>> 小课堂

体罚孩子不仅难以达到教育目的，更有可能让孩子与家长的关系变得疏远，让孩子对家长产生反感情绪和恐惧心理。

惩罚孩子的目的是改变孩子的不良行为

美国一位心理学家说过，如果一个孩子摔碎了一只盘子，你打了他两个巴掌，那么孩子对摔碎盘子的内疚感将荡然无存。理由很简单，孩子打碎盘子，然后得到两个巴掌，他会因自己被打的痛苦遭遇而对犯下的错误没有内疚感，也不会改变自己的行为。

家长应该始终牢记，惩罚的根本目的不是让孩子感到难受，而是要改变他的不良行为，让他形成良好的行为习惯。

变相体罚的后果并不亚于体罚

变相体罚也是一种体罚。如果说体罚带给孩子的是身体上的伤害，那么恫吓等变相体罚带给孩子的则是心理上的伤害。对孩子来说，心理上的伤害比身体上的伤害更难修复。

对不良行为“零宽容，无例外”

只要孩子出现特定的不良行为，家长应立即采取惩罚措施，要做到“零宽容，无例外”。“这次就算了，下不为例”之类妥协的话尽量不要对孩子说，更不能这么做，因为这是对不良行为的鼓励。

另外，和给予奖励一样，惩罚也要及时，同时在实施惩罚前一定要让孩子明白他是因为什么行为而受到惩罚。

惩罚要既文明又触及痛点

科学的惩罚初衷在于改变孩子的不良行为，而不是进行体罚或变相体罚。科学惩罚的基本原理是：当孩子做出某种不良行为的时候，给他一个令他厌恶的物体或情境，或者移开他最喜爱的物体或情境，让他们深刻感觉到做出不良行为对自己不利，从而减少直至消除这一行为，同时塑造良好的行为。

YES 场景

暂时隔离法

YES 场景

暂时隔离法，也就是我们常说的“关禁闭”。当孩子出现某种不良行为的时候，把他单独隔离在一个地方，利用隔离的这段时间让他安静下来，并明白被隔离是由自己的不良行为造成的，必须改正这种不良行为。暂时隔离法的具体操作如下所示。

1

▶ 设定某一种不能被接受的行为为目标行为，例如打人。当孩子出现目标行为（打人）时，10 秒之内让他停止活动，以不超过 15 个字的言语将他送到“隔离区”进行隔离。

2

▶ 将定时器放在孩子能听到计时声音却看不到的地方，规定定时器响了之后，孩子才可以离开隔离的地方。

家长要明确规定隔离的时间，3 岁的儿童可隔离 3 分钟，8 岁以上的儿童可隔离 30 分钟，12 岁以上的儿童则可隔离 1 小时。如果隔离时间到了，孩子仍在大喊大叫，则需重新制定隔离时间直到他安静下来为止。

如果孩子不服从隔离，家长则需告诉他必须遵守，不然就加倍延长隔离时间，并且要坚定执行这一规定。一定要让孩子知道，只有改变了这种不良行为，才会被取消隔离的惩罚。

！在隔离解除后，家长一定要及时询问孩子被隔离的原因，帮助孩子做自我反思，加深他对自己行为的认知。

当孩子犯错的时候，家长可以参考以上讲解，用正确的方式惩罚孩子，帮助孩子改变不良行为。这些方法对于缺乏专注力的孩子来说尤为适用，正确的惩罚不仅能纠正孩子的多动、分心、冲动行为，更能促进孩子自我意识的觉醒，为孩子拥有自控力，养成良好专注力打下基础。

第 3 节

多和老师沟通，做细心家长

- 主动联系
- 科学沟通

对于学龄期的孩子来说，生活的重心一半在家庭，一半在学校。孩子生活中的权威人物就是家长和老师，因此家长和老师之间的关系对孩子的影响十分重大。

如果家长和老师能够良好沟通，及时了解孩子在学校和家庭中的表现，学校和家庭的教育力量就可以拧成一股绳。如果双方都对对方的教育情况一无所知，互不配合，甚至相互抵触，孩子受教育的效果就会大打折扣。家长和老师建立良好关系，彼此之间密切沟通，共同协作，是送给孩子成长的珍贵礼物。

家校协作，对孩子共同进行教育，是目前教育界有识之士的共识。现在流行的教育模式就是“社会—学校—家庭”三位一体的教育模式。

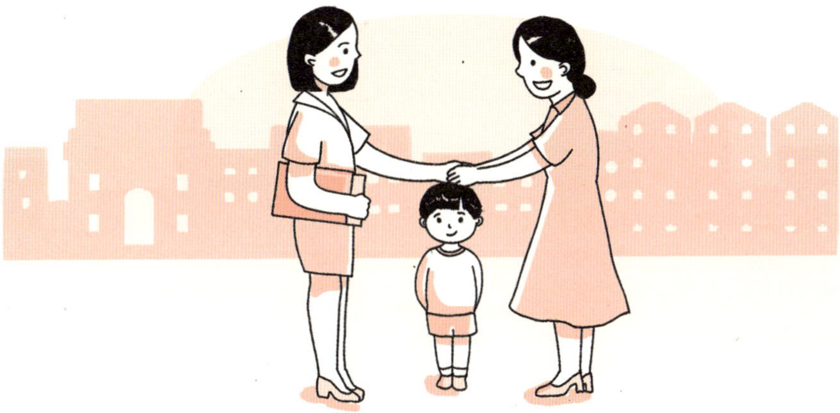

在这个“三位一体”的模式中，学校与家庭的联系更密切，也更重要。无论教育什么样的孩子，家长和老师都需要彼此沟通、互相协调。若孩子存在分心、多动、冲动等问题，家长更应该加强与老师的沟通。

家长应该主动与老师联系沟通

人与人之间的交流与沟通存在主动方与被动方，即一方发出沟通交流的邀请，另一方予以响应。

在家长与老师沟通协调的问题上，家长应该扮演主动方的角色。老师虽然也为孩子的分心、多动、冲动而头疼，但老师要面对几十个学生，精力是有限的，而家长只有这一两个孩子。所以，家长千万不能等老师来找自己，应该主动找老师，主动和老师沟通。

家长与老师沟通要有方向和方法

家长应该如何与老师沟通？沟通的内容又有哪些？下面我们给出几条具体建议供各位家长参考。

1. 坦诚地告诉老师孩子的所有情况

如果孩子专注力缺失的问题较为严重，家长带孩子到专业机构给孩子做过专注力方面的专业检测，便应该将测试结果等情况坦诚地告诉老师，老师知情与家长知情同样重要。

如果老师不知情，他们通常会以对正常孩子的要求去对待你的孩子。

YES 场景

比如，当孩子经过专业机构的训练，专注力的问题已经有所改善且各种行为表现取得了进步，但这种进步还没有达到正常孩子的水平，因为老师不知情，孩子在学校时一些因缺乏专注力引起的行为还是会受到批评甚至处罚，这显然不利于训练效果的巩固。

只有当老师知道全部真实情况后，他们才会根据孩子的实际情况去对待他。在老师的眼里，他们会变成一个正在进步的孩子，而不是一个屡教不改的孩子。这样家庭与学校的教育才能协调为一个整体。

>>> 小课堂

情况互通才能让家校以一致的标准来看待孩子。如果孩子无论是在家中，还是在学校里，他们的点滴进步都能得到赞扬与鼓励，良好的行为就会固化下来，渐渐成为一种行为习惯。

2. 重视专家意见

如果孩子去专业机构接受过专注力的训练，通常医生或心理咨询师会对家庭教育、学校教育提出一些建议，家长应该将医生或心理咨询师提出的建议告诉老师。

在对不专注孩子的教育与训练上，医生或心理咨询师一定程度上会比老师更专业。一般来说，老师会接受并听从这些建议。

当家长在向老师转达医生或心理咨询师的建议时，最好以医生或心理咨询师的名义来告诉老师做什么或不做什么，出自专家之口的建议能让老师更容易接受。

3. 希望老师给予孩子特殊的安排与帮助

如果孩子真的存在专注力缺失的问题，家长可以与老师商量，请老师给予孩子一些特殊安排与帮助。比如，让孩子坐在教室的前排，这样孩子更容易处于老师的关注之中，上课的时候老师能更多地注意到孩子，老师的目光能将孩子从分心走神的状态中快速拉回。

YES 场景

此外，可以让老师与孩子多一些肢体接触，比如摸摸头、拍拍肩，这既是一种关注与关怀，也是一种提醒与警告。也可以请老师和孩子多进行个别谈话。老师的权威性往往胜于家长，在小学阶段更是如此。老师的三言两语有时胜过家长的千言万语。如果老师对孩子说一些表扬、鼓励的话，那将是孩子继续改善自身问题的巨大动力。

4. 希望老师对孩子的期待与要求，更符合孩子的实际情况

有经验的老师对班上学生的要求一定是分层次的，在表扬或批评时，不仅会横向比较，更会纵向比较。

如果老师能把对专注力缺失孩子的要求适度降低，在表扬与批评时用发展的眼光看问题，那么孩子就会得到更多的表扬与奖励。这既是对他进步的肯定，也是他继续进步的最强动力。

5. 希望老师能提供孩子在学校里的更多信息

老师提供的这些信息对家长在家教育与训练孩子非常重要。如果孩子在专业机构进行专注力训练，医生或心理咨询师也特别需要这些信息。因为这样比较耗费老师的时间与精力，所以和老师建立起良好的关系非常重要，家长要保持与老师之间的良性沟通。

>>> 小课堂

美国著名心理学家、世界顶级专注力研究专家爱德华·哈洛韦尔曾经指出，分心孩子教养法则中，很重要的一条就是家长要和老师建立起良好的关系。如果家长和老师关系良好，孩子在学校中的表现也会更好，也会更喜欢上学。

只要家长与老师通力配合，培养孩子专注力的工作就能取得一加一大于二的效果。

家长在生活中，一定要加强和老师之间的沟通，这样既能加深自己对孩子的了解，也能更省力、更快速地改善孩子缺乏专注力的问题。

第 4 节

干净的家，让孩子学会井井有条

- 整洁的环境
- 宁静的氛围
- 适宜的装修
- 独立活动空间
- 家居布置尊重孩子意见

中国古代大学者荀子有言：“蓬生麻中，不扶而直；白沙在涅，与之俱黑。”这句话的意思是生长在麻丛中的蓬草会长得很直，失去原来的形貌；而混在黑泥中的白沙也会变成浊黑色，形象地表达了环境的重要性。人也是环境动物，在不同的环境中也会表现出不同的行为。

家是孩子的港湾，孩子每天生活其中。家长需要为孩子营造良好的家居环境：不一定要豪华气派，但一定要温馨舒适；不一定要功能俱备，但一定要井然有序。最好能给孩子安排一间属于他自己的房间，有基本的硬件设施和相对安静的环境，满足他们学习和休闲的需求。

NO 场景

上面的场景是南希一家的生活日常，凌乱的家庭环境看似和南希的学习没有太大关系，但其实南希在学习中的表现和她家的环境是一脉相承的。

为孩子营造良好的居家环境，才能在潜移默化中带给孩子良好的影响，促使孩子的行为表现更优秀。

如何为孩子营造良好的家居环境呢？下面我们将为大家细致讲解。

把家收拾得井然有序

每个家庭的经济水平、住房条件各不相同，布置也各不相同，但环境卫生、居室整洁、色彩协调、富有生机这些都是可以做到的。

家里要井然有序，是指家中的物品，尤其是常用物品，要有明确的空间关系。什么东西放在什么地方一目了然，用不着问，更用不着找，让孩子在心理上感受到家庭空间中的一切都是有秩序的。

在很多爱分心的孩子的家中，衣服和饰品随意乱放，书刊和餐具随便乱堆，经常要什么找不到什么。在这样的环境中，孩子潜意识里已经感觉到空间的杂乱，这种空间的杂乱容易引起孩子心理的紊乱，从而导致其行为的紊乱。

我们可以想象，如果家里凌乱不堪，却要求生活在混乱中的孩子学习、活动井井有条，这怎么可能呢？

家长一定要记住只有家里的环境有秩序，孩子的行为才会有秩序。

给孩子提供一个宁静的家庭环境

我们应该尽量避免让孩子受到各种噪声的干扰。环境安静，孩子的心就容易静。孩子的心静了，才有保持专注的可能。

虽然意志坚强的人能做到闹中取静，但我们不能对孩子也提出这样的要求，更不能对专注力缺失的孩子提出这样的要求。

>>>

法国科学家的实验表明：

40 分贝是正常说话的音量，55 分贝是大声说话，60 分贝以上就属于吵闹范围了。

噪声在 55 分贝时，孩子的理解错误率是 4.3%；而噪声达到 60 分贝以上，孩子的理解错误率就会上升到 15%；如果分贝再高一些，孩子将完全没法学习。

营造宁静的家庭环境是门槛最低的教育投入。如果一个家庭整天“吵吵闹闹、鸡飞狗跳”，谁都受不了，更不用说本来就容易分心的孩子。

在孩子需要专注学习的时候，家长可以关闭电视以及其他有声电子设备，让孩子的学习环境足够安静。这一点不难做到，关键在于是否能长期坚持。家长可以在网上下载一个分贝测试 APP，用手机一测便能知道家里的噪声指数。

房屋装修时，我们也可以选择一些“降噪”材料来降低噪声对家庭环境的影响。

如何降低家庭噪声

1

可以选择用吸音棉和石膏板做一层隔音墙，或者使用专业的隔音材料。如果觉得使用隔音材料成本较高，还可以选择将室内的墙壁表面做得粗糙一些，使声波多次折射，从而减弱噪声。

2

装密封性好的门窗。据统计，90% 的外部噪声是通过门窗传进来的，家长可以选用一套密封性较好的门窗。采用真空强化玻璃和优质密封胶条可使门窗更加密封，从而更有效地降低噪声。

3

挂厚窗帘和铺地毯也能吸收一定的噪声。

4

在临街的窗台、阳台上摆放一些枝叶比较多的绿色植物，也能够降低噪声。

此外，家长还可以通过一些家庭“降噪”活动来保持家中的宁静。

比如，家长可以召开家庭会议，在会上说明要以环保的名义在家庭内部开展一次“降噪”活动。

活动期间，所有家庭成员要控制自己说话、走路的声响，说话声音要小一些，走路要轻一些，使用电子产品时声音也要小一些，目的是让家里更加宁静、更加温馨。这样可以让孩子充分感受宁静家庭氛围的美好。

另外，针对此次活动应有奖惩措施。没有低声说话、轻声走路、调小电子产品音量的人要在脸上贴个不干胶标签，以示“惩罚”。

在活动进行中，还可以有意安排一个家庭成员，比如爸爸，假装违反了规定，接受惩罚。在欢乐的戏剧效果中，强化活动的效果。

重视儿童房的装修布置

对缺乏专注力的孩子的房间进行布置时，有两点需要引起重视。

1. 调整儿童房间的色彩浓度

由于儿童房间常常结合了书房和卧室两大功能，因此其布置也应该以舒适实用为主，色调要柔和，不要有繁复的装饰。

如果房间色彩较单一，可在墙壁上布置一些亮色的图案，或选择色彩鲜艳的窗帘进行调和。

2. 避免书桌靠窗摆放

一般靠近窗口的位置有较好的采光效果，很多家庭会把孩子的书桌靠窗布置，但对于爱分心的孩子来说，书桌临窗会让他们在学习时很难集中注意力。

另外，过强的光会产生眩光，容易使孩子眼部疲劳，而窗外如果是较嘈杂的环境、不佳的景致，更容易影响孩子学习时注意力的集中。因此，临窗放置的书桌并不一定适合孩子学习，家长要谨慎选择。

有条件的话，为孩子设置独立的活动空间

在这个孩子可以独立活动的空间里，孩子的意愿得到高度的尊重，孩子对环境有掌控感，就会产生责任感。孩子是独立的个体，孩子的成长是逐渐和家长分离，成为自己的过程。为孩子设置独立的活动空间，更有利于孩子的健康成长。

家居布置要尊重孩子的意见

家长常常将家居物品从成人方便的角度摆放，容易忽略孩子的意见，但我们必须正视孩子也是一个重要的家庭成员，他有权利和义务参与到家庭环境的布置中。

家长在布置和整理家居时，可以邀请孩子共同参与，并且要做到以下三点。

1

▶家庭的公共空间

对于家庭的公共空间，家长也要考虑孩子的需求，比如把垃圾桶和洗衣篮放在孩子够得到的地方。

▶ 家居环境的改善

家长应让孩子定期参与家居环境的改善，比如征求孩子的意见："你觉得家里哪些东西可以换一下？哪些东西可以挪动一下呢？"

2

3

▶ 家务活动的参与

在平时的居家生活中，鼓励孩子积极参与，尝试做一些自己力所能及的家务，比如叠衣服、整理书柜等。在这个过程中，孩子也就逐渐学会了收纳整理。

以上我们分享了家居环境对于培养孩子专注力的重要性，以及如何营造井井有条的居家环境，希望对各位家长有所帮助。如果您正在为孩子缺乏专注力而头疼，不如先从改善家居环境这些细节入手，你会惊喜地发现孩子的美好改变。

第 5 节

幸福家庭，孩子成长最强引擎

- 温馨的家庭氛围
- 营造文化氛围
- 营造和谐气氛
- 从容的家庭氛围

大家是否接触过心理咨询师呢？有经验的心理咨询师在解决孩子的心理问题时，一定不会只盯着孩子找突破口，而是会让家长参与进来。他们常常会采用家庭心理剧的方式来发现问题，解决问题。

解决孩子的问题为什么一定要让家长参与进来呢？这是一条心理学的基本规律——所有发生在孩子身上的问题或者现象，都能在家长那里找到根源。

> 家庭是孩子人生的第一所学校，家长是孩子人生的第一任老师，也是任期最长的老师。家长有意无意制造出来的家庭氛围所带来的影响是不露痕迹、潜移默化的，其对孩子心理发展的影响也是最重要而深远的。
>
> 作为家长，我们应该给孩子营造一个良好的家庭氛围。

营造温馨的家庭氛围

人们常说，家是一个人最安全的港湾。为什么这么说？那是因为人在家里会体验到一种温馨的感觉，而这种温馨的感觉与环境息息相关。

>>>

第二次世界大战刚结束时，美军驻欧洲司令到一个普通德国人家里去做客。

当时德国作为战败国，经济十分不景气，这家德国人住在半地下室，家徒四壁。屋子中央只有一张桌子，桌上没什么食物，却有一瓶盛开的鲜花。

这位司令感慨万分，认定德国这个民族不得了，会很快腾飞。因为桌子上的鲜花透露出一个信息：尽管现实条件很艰苦，德国人依旧对生活有信心、有向往、有追求。

同理，温馨的家庭氛围也会给孩子信心，让孩子相信世界是美好的，未来也是美好的，家长应给孩子安全感与安定感，而安全感与安定感是养成良好专注力的基础条件。

如果没有了安全感和安定感，即便是成年人也会感到心神不宁，更何况是注意力本来就存在问题的孩子呢？

温馨的氛围既来自家庭环境的布置，也来自家人的关爱。人们在遇到挫折、心灵受创时，回到家里，家人的一句问候、一个眼神、一个动作，也许就是疗愈心灵伤口最好的药物。孩子尚未成熟，心灵更脆弱，这种心灵的抚慰就更加重要。

多给孩子一些关爱，并让孩子深切地体验到这种关爱，对孩子的健康成长，对解决孩子的各种行为、心理问题都会有良好的作用和效果。

营造有文化氛围的家庭

孩子成绩上不去，家长常常是急急忙忙地去找家教、请名师。其实，要想把孩子的成绩提上去，家长要做的事情有很多，其中之一就是要让家里变得有文化氛围。

>>>

某知名相声演员在谈到自己的学艺历程时说，自己前三年就是在剧场里干点杂活，然后就是天天听人说相声。按照行业术语叫“熏陶”，简单来说就是感受氛围，在潜移默化中接受教育。

>>>

北京教育科学研究院德育与心理健康教育研究中心杨忠健先生曾说过：“我的同事王先生是学生物的，他家墙上挂着许多美丽的蝴蝶标本。他的孙子总是被这些五彩缤纷的美丽标本所吸引，经常仔细观察每一个蝴蝶标本，看看有没有新增加的品种，再搬出一大堆关于蝴蝶的书和画册，对照着标本的颜色、形态和特征，与他爷爷共同寻找有关蝴蝶的信息，做成小卡片收集起来。孩子的模

仿和学习能力很强，起初只是爷爷一个人做，几次过后，孩子自己就会做卡片了。不知不觉中，孩子的观察能力增强了，也具有了做事认真的态度和勇于探索未知的精神。”

孩子的成长与发展正是如此，良好的文化氛围是最好的教育，也是最不费力气的教育。如果家长们希望孩子能够积极主动地读书，不妨在家中设一个书柜，放上一些经典名著，或者是经常用的工具书。书柜中也可以设置孩子自己的“专柜”，放一些孩子喜欢的书，让孩子从小养成阅读的习惯。

营造和谐的家庭氛围

俄国作家托尔斯泰说过：“幸福的家庭都是相似的，不幸的家庭各有各的不幸。”

幸福的家庭是一家人和睦相处，其乐融融，彼此之间互相尊重、互相体谅。不幸的家庭可能是整天家宅不宁，吵架更是家常便饭，时不时还会上演家庭暴力。

想象一下，如果本身就有分心、多动、冲动等不良表现的孩子生活在混乱暴力的家庭中，他们的不良行为会不会因家庭氛围而表现得更频繁且强烈呢？答案不言而喻。

漫画大师缪印堂先生的漫画作品曾在十多个国家展出，他的科技漫画曾多次在国外获奖。面对这些荣誉，他曾感激地说：

“是父母的支持成就了我这份其乐无穷的事业。”他的父母性情开朗乐观，无论白天多么劳累，晚上回家一家人都喜欢围在一起说说话，讲一些笑话、谚语，或者幽默诙谐的故事和街头巷尾发生的逸闻趣事。

缪印堂就是在这种和谐的家庭氛围中，收获了快乐和智慧，而且还懂得了很多做人的道理。

缪印堂家长认为这种潜移默化的教育能让孩子明辨是非，比说教打骂有用得多。的确，如果等到孩子有什么劣迹之后再去管教，即便说教打骂也为时已晚。

营造从容、耐心的家庭氛围

前段时间，陪孩子写作业的话题“席卷”了微信朋友圈和微博。有报告显示，75.79% 的家庭曾因写作业发生过亲子矛盾；不仅如此，在培养孩子专注力方面，家长也很容易失去耐心，毕竟让孩子成功地做成一件事，要花费很多时间，有时还会弄得一团糟，所以很多家长在沉不住气的时候就会“包办”，可是实际上，这是对孩子包括专注力在内的多种能力的最大扼杀。

我们都希望孩子不管做什么事情都能成功，但是我们也必须容忍孩子经历失败，这不仅仅是尊重他们的表现，也是为他们的未来负责。

当给孩子布置任务时，家长一定要慢慢地和孩子讲，并且让他一步一步地做。

比如，让孩子系鞋带，如果孩子打了一个死结，先要告诉他这是不对的，然后让他想一想为什么这种方法不对，再让他自己去解开死结，由此来引导孩子逐步去解决问题。

YES 场景

这样才可以让孩子学会自己解决问题，感到自己有责任，也有能力自己解决问题，并且让孩子知道爸妈是充分信任他的。在解决问题、完成任务的过程中也会增强孩子的自信。

当孩子做错了的时候，不要着急去批评他们，孩子在很多事情上初次犯错很正常。就算成人也不是一次就能学会开车、打字、上网的。我们要给孩子时间，从容、耐心地引导孩子。

>>> 小课堂

对于孩子来说，一个氛围良好的家庭是他最宝贵的人生财富。

在孩子漫长的成长过程中，缺乏专注力只是他需要克服和解决的问题之一，当他长大后还会面对更多的困难。也许今天，身为家长的我们只是以培养孩子专注力为起点，顺带改善了家庭氛围，但在孩子的明天，这将成为他们成长的最强引擎，也是他们此生取之不尽，用之不竭的幸福源泉。

大家一起来！

专注力小游戏

乒乓球托球跑

这个游戏可以锻炼孩子的专注力、抗干扰能力和身体动作协调能力，帮助孩子建立规则意识和竞争意识。

▶ 游戏开始时，让孩子把乒乓球放在球拍上，让孩子手持球拍在室内来回走动，在行走过程中用球拍维持乒乓球的平衡，不能用身体的任何部位触碰乒乓球，并且要确保乒乓球始终在球拍上。

▶ 孩子游戏时，家长用计时器计时，看孩子能坚持多长时间。

▶ 游戏过程中家长也可以用语言对孩子进行干扰，如“掉了！快掉了！”，但不要触碰孩子的身体。

▶ 游戏可以采用竞赛制，家长和孩子比赛，看谁坚持的时间长。根据孩子的能力，家长可适当示弱，以增强孩子游戏的积极性。

我的从容养育

给家长的 20 条忠告与建议

● 读到这里，本书即将进入尾声。接下来，我们根据全书的重要内容，提炼出了 20 条建议，希望能够对家长们有所帮助。

第 1 条

俄罗斯大教育家乌申斯基有一句名言："注意就是那扇门，一切由外部世界进入人的灵魂的东西都通过这扇门……"和孩子建立良好沟通关系的第一步就是对孩子敞开心扉，用心和孩子交流，用心感受孩子的想法。

第 2 条

专注就是把所有光线集中到一点的凸透镜，是学习力中最具有凝聚效力、整合效力的品质，也是形成良好观察力、记忆力、想象力与思维力的基础条件。只有专注的人才能在漫长的学习之路上一路向前，最终达成自己的目标。

第3条

教育专注力缺失的孩子，我们不是在治疗“问题儿童”，而是在塑造卓越者。家长一定要建立明确的优势取向的教育定位，因为优势取向可以带来希望、热情和正能量。问题取向只会消灭希望、浇熄热情，并让正能量消失。

第4条

有分心现象的孩子有时候的确很难让人喜爱，但这些孩子更需要家长的爱，因为他们在别处得不到爱。只要家长持续地爱孩子，并信任这份爱，久而久之，孩子的优势才能慢慢浮现。如果没有爱，孩子的优势可能就无法显现，或者被扭曲。

第5条

跟上孩子的脚步，倾听他们生命的声音。多花时间和孩子相处，注意看，注意听，和他们互动，但不要东管西管或唠唠叨叨，不要担心事情做得如何。对于不专注的孩子，更要这么做。

第6条

我们如果生病了，不会抓把药就往嘴里塞，而是去看医生，让医生诊断我们的病情，然后对症下药。

强烈建议家长给存在专注力问题的孩子做精准的专业专注力测试，这会给孩子专注力的培养与训练指明方向。

第7条

所有的儿童、青少年心理问题都与家庭环境和教养方式有关。如果家长只督促孩子集中注意力，安心做作业，自己却玩手机、看电视、打麻将，孩子无论如何也达不到家长的要求。在对孩子提出要求之前，家长要先检讨一下自己的所作所为。

第 8 条

任何时候、任何情况下，都要努力避免让孩子进入病人角色与差生角色，也别让孩子以分心为借口，降低标准或者放弃努力。

第 9 条

家长要分清楚什么是该做的，什么是不该做的。古人云：“不在其位，不谋其政。”家长如果代替老师教书，代替孩子检查作业，代替孩子管理自己的生活，会把事情搅得一团糟，这肯定是家长不愿意看到的。

第 10 条

作为家长，要避免阴晴不定地对待孩子，不能一会儿心疼孩子，一会儿又生他的气。所有的孩子都会有时可爱，有时讨厌，尤其是不专注的孩子。

家长要保持平静的心情，如果家长和孩子一样忽冷忽热，家庭生活就会变得非常不稳定，让人无法预测。在这种环境中，孩子很难心理健康地成长。

第 11 条

如果把采用题海战术、让孩子疯狂做题看作“地毯式轰炸”，那么找出孩子重复性、规律性的错误并予以纠正就是“精准打击”。

无论从效果来讲，还是从资源节约的角度来看，后者的效益与效率都高于前者。一定要保管好孩子的各种试卷以及作业本，它们有着极高的价